The Life of a Peasant Woman

Warrior Woman

Nikolai Leskov

Житие одной бабы
Воительница

Николай С. Лесков

The Life of a Peasant Woman; Warrior Woman

ISNB: 978-1-61895-268-4

ISNB: 978-1-61895-268-4

ЖИТИЕ ОДНОЙ БАБЫ

Викентию Коротынскому

(Из гостомельских воспоминаний)

> Ивушка, ивушка.
> Ракитовый кусток!
> Что же ты, ивушка,
> Не зелена стоишь?
> – Как же мне, ивушке,
> Зеленой быть?
> Срубили ивушку
> Под самый корешок.

Русская песня.

ЧАСТЬ ПЕРВАЯ

I

Маленький мужичонко был рюминский Костик, а злющий был такой, что упаси господи! В семье у них была мать Мавра Петровна, Костик этот самый, два его младшие брата, Петр и Егор, да сестра Настя. Петровна уж была-таки древняя старуха, да и удушье ее все мучило, а Петька с Егоркой были молодые ребятки и находились в ученье, один по башмачному мастерству, а другой в столярах. Оба были ребятки вострые и учились как следует. Дома оставалась только сама Петровна с Настей да с Костиком. Все они в ту пору были еще крепостными и жили в господском дворе. Панок их был у нас на Гостомле из самых дробных; всего восемнадцать душ за ним со всей мелкотой считалось, и все его крестьяне жили тут же в его дворе на месячине, – земли своей не имели. Житье было известно какое – со всячинкой; но больше всего донимала рюминских крестьян теснота. Пускай правда, что мужик не привык к кабинетам – все у него в одной избе, – да по крайности там уже все своя семья, а тут на рюминском дворе всего две избы стояли, и в одной из них жило две семьи, а в другой

1

три. Теснота, ссоры промеж себя, ябеда с сердцов друг на друга, сквернословие, – такое безобразие шло, что не приведи бог! Дети тут так и росли в этой срамоте, и Костик тут вырос, глядючи, как покойный отец сухотил весь век свою жену, пока не вогнал ее в удушье. А Мавра Петровна отличная была женщина. Она была взята из однодворок и пошла в крепость с нужды горькой, потому что у «ас в округе иные вольные в ту пору еще хуже крепостных живали: бедность страшная. Старик Минаич рассказывал, что в молодые годы Петровна была первая красавица по всему Труфанову, и можно этому верить, потому что и в пятьдесят лет она была очень приятная старуха: росту высокого, сухая, волосы совсем почти седые, а глаза черные, как угольки, и такие живые, умные и добрые. Доброте ее меры не было: всем она все прощала. Муж ее тиранил, увечил, и пьяница к тому же был; а она, как овечка божия, все ему угождала, и слова от нее на мужа никто не слыхал. Все, бывало, его ублажает: „Антонович да Антонович, такой-сякой иемазаный, утихомирься ты, перекрестись, испей водицы!“ Ни жалобы, ни свары от нее он никогда не видал. А как помер ее муж, так она его оплакала горькими слезами и на могилку все ходила и голосила голосом: „Касатик ты мой миленький! на кого же ты меня покинул? Кто меня приголубит? Кто меня пожалеет?“ Словно как и в самом деле она от него жалость какую в своей жизни видала. Как умер Антоныч, Мавра Петровна сама стала о детях печалиться. От Костика ей никакого почтения не было: разбойник разбойником вышел. Видит Петровна, что никакого пути так не будет, упросила своего панка отдать Петьку и Егорку в ученье по мастерству. Панок согласился – ему это выгодно было, потому что он малоземельный был, а мастеровой человек больше может оброку платить. Насчет же воли теперешней тогда хоть и ходили у нас слухи, да только никто ей не верил, ни господа, ни крестьяне. Скажешь, бывало, кому: „Вот скоро воля будет“, – так только рукой махнет: „Это, – говорили, – улита едет, – когда-то будет!“ Отвела Петровна своих сыновей и сама их к местам определила: Петьку на четыре года, а Егорку на шесть лет. У нас не берут на короткие сроки, потому что года два сначала мальчика только „утюжат“, да „шпандорют“, да за водой либо за водкой посылают, а там уж кой-чему учить станут.

Как вернулась Петровна домой, стала она думать и о Насте. А Насте в ту пору уж семнадцатый годок пошел. Вся она была в мать и характером в нее пошла, только еще, кажется, была безответнее. Собой она была не красавица, никто на нее не заглядывался, а таки пригожая была девушка. Высокая была, черноволосая, а глаза черные, щечки румяные, губки розовые; сухощава только была, тем и не нравилась, не зарились на нее ребята. У нас все в моде, чтоб девка была, что называется, «размое-мое», телеса чтоб были; ну, а у Насти этих телес не было, так ее и звали

Настька-сухопарая. У нас все всякому своя кличка приложена, и мужикам, и бабам, и девкам: Гришка-жулястый, Матюшка-раскаряка, Аленка-брюхастая, Анютка-круглая, Настька-сухопарая – все так. Иной раз за этими кличками и крещеное имя совсем забудут. Зовут все девку «круглая» да «круглая», а как придется по имени назвать – никто и не знает. И кличками же бывают! От иной с души мутит, а иную и сказать срамно; а с привычки-то ничего. Впрочем, Настя не то чтобы уж кащей костлявый была, только телес этих много не имела, а то ничего – девка была пригожая.

Думала, думала Петровна, что ей с Настей делать? и надумала просить свою пани, чтобы та взяла ее в горницу. В магазин в ученье Петровна боялась отдать дочку. «Девка безответная, – думала она, – только ленивый ее не набьется; а там еще подведут под такое, что „за срам голова згинет“, – не отдала. „В хоромах все-таки лучше; по крайности на глазах у меня, а от сквернословия от здешнего подальше“. Так и сделала. Стала Настя днем жить в комнате у барыни, а ночевать ходила к матери. Чулан тут у них в сенях был из дощечек отгорожен в уголке; там их рухлядь кое-какая стояла: две, не то три коробки, донца, прялки, тальки, что нитки мотают, стан, на котором холсты ткут, да веретье – больше у них ничего не было. В этом чуланчике они спали лето и зиму. У нас в Гостомле есть много народу, что от тесноты в избах целую зиму спят по чуланам да по пунькам либо по подклетям. Чуланчики такие, вроде деревенских часовен, погородят из хворостового плетня, либо просто на дворе, либо под сараем, и это называют „пуньками“. Как женится кто в семье, сейчас и заводится такой пунькой – для молодой жены. „Вот, мол, тебе, касатка, удобьице! живи, радуйся, назад не оглядывайся!“ И живут в этих апартаментах, пока детвора пойдет. А тогда уж с ребятками на зиму мать переходит в избу. Тут и старики, тут и муж с женой, тут и девушки взрослые, все это и на виду и на слуху, – такое безобразие. А куда денешься-то? Тут оно и „снохачество“ это у нас заводится, тут и дети невесть чему до поры до времени поизучиваются, а опять-таки подеться некуда! Теснится народушко на просторной Руси, и трудно ему рассмотреть в волоковое окно свои нечисти.

Костик спал в господской конюшне. Говорили, что он там коммерцией занимался: овес у лошадей выгребал да продавал; жеребца господского на гуменник выводил к крестьянским кобылам, – по полтиннику за лошадь брал. У нас охотники до лошадей, и коневье все рослое у мужиков; а жеребцов не держат, потому что беспокойства с ними много; ни пахать на нем, ни в табун его выпустить нельзя. Да и в дворе тоже кому за ним смотреть? Иную пору в дворе остаются одни бабы, – где им водиться с жеребцом? – ни вывесть его, ни запречь. Вырвется, других переранит и сам изранится, а то и совсем еще забежит. А у нас народ теплый, «в глазах деревня сгорит». Об нас по целой по России ходит поговорка, что «Орел да Кромы – первые воры, а Карачев на придачу». А что по обапольности, так наших мужиков было распоряженье и на ярмарки не пускать, потому что купцы даже ездить отказывались. Баловство было большое в нашем народе, и исстари-таки оно трясется у нас на Гостомле. Но я в другой раз расскажу, как и отчего все это распочалось и выросло. Теперь говорю только, что у нас воровство, кажись, и за грех не почиталось; а если кто неловко украдет да поймают, так до суда редко доходило, сейчас свой суд короткий: отомнут ребра, так что век не человек, да и пустят на карачках ползать. Сами о себе гостомельцы, бывало, говорят: «Наш народ шельма прожженная».

Так и жил Костик и держался от семьи, словно волк какой, все стороною, особничком. Правда ли, не правда ли, что он торговал и овсом, и водкой, и господскими жеребцами, бог его знает, потому что в маленьком хуторе все один другого поедом ели, избрехаись, несли друг на друга всякую всячину, – а только деньги у него были? Толковали, что рублей со сто он имел, и надо полагать, что это правда, потому что дворник с курского шоссе ему был должен и кузнец с почтовой станции. Это все знали, потому что Костик и с дворником и с кузнецом тесную компанию водил; а он не любил зря с кем попало компанствовать. Не то чтобы он горд был или чванлив, атак все любил знаться с теми, с кем можно дела какие-нибудь делать. Спроста он ничего не делал. По обапольности у него все было знакомство с садовниками, да с шинкарями, да с дворниками с большой дороги, да с мельниками – все с таким народом. С своими он был неразговорчив, разве только как пьяный вернется, так кому-нибудь буркнет слово; а то все ходит понурою да свои усенки покусывает. Обшивала и обмывала его Настя, а почету ей или хоть внимания, хоть слова ласкового никогда от него не было.

Вздумал Костик жениться на двадцать шестом году. Он был старше Насти лет на восемь. Выбрал он себе жену отличную, звали Аленой. Она была из соседнего хутора, из крестьянской семьи. Смиренная была девушка и работящая. Сделалось это дело; привез Костик молодую жену от венца в барской бричке и стал жить с нею в том чуланчике, где мать с сестрою жили. Остепенился будто сначала, а тут дочь у него родилась, да неблагополучно. Бог ее знает, чем-то повредила бабка Алену при родах. Ребенок медленно шел, так она повела Алену в печку, спаривала там ее, встряхивала, косу ее заставляла жевать, изгадила бабу так, что никуда она не стала годиться. А у нас в городе жил старичок, к купечеству он был приписан, но ничем не торговал, а занимался леченьем; звали его Сила Иванович Крылушкин. Удивительный был старичок: добрый такой, что и описать нельзя. Про его доброту святую целая губерния знала. И такой он был благообразный, такой миловидный, что, бывало, как положит он кому-нибудь на голову свою бледную руку, так и хочется поцеловать эту руку. Точно патриарх святой. В лечении он был очень искусен, и больных к нему навозили с разных сторон, из сел и из городов. Лечил он всех у себя в доме, и все больше одними травами, которые сам и собирал весною. От всяких болезней лечил Сила Иванович и всегда успешно. Народ говорил, что «Крылушкину бог помогает», и верил в него как в слугу божьего. Мавра Петровна тоже знала про Крылушкииа и не раз у него бывала. И стала она приставать к сыну: «Свези да свези ты жену к Силе Ивановичу». А он все отпирается, что денег нет.

— Бога ты, Костя, не боишься! Денег у тебя для жены нет. Неш она у тебя какая ледащая, или не тебе с ней жить, а соседу? Глянь ты: баба сохнет, кровью исходит. Тебе ж худо: твой век молодой, какая жизнь без жены? А еще того хуже, как с женою, да без жены. Подумай, Костя, сам!

Думал, думал Костик и надумался. Разобрал, что худо жить с больной женой — невыгодно. Повез Алену. к Крылушкину. Вернулся оттуда злющий-презлющий, — денег ему жаль было, что отдал за жену Крылушкину. А и денег-то всего Крылушкин двадцать пять рублей на ассигнации взял. У нас и до сих пор народ все еще на ассигнации считает. Не говорят, например, «рубль серебром», а «три с полтиной старыми». Стал Костик без жены все разъезжать по ночам верхом на барской лошади к своим приятелям по обапольности, и познакомился он у почтового кузнеца с однодворцем Прокудиным. Прокудин был человек пожилой и достаточный: имел он у себя одиннадцать лошадей, которых посылал в извоз, и маслобойню, на которой бил конопляное масло. Дело это у нас очень выгодное, потому что конопли кругом море, а мужички народ и недостаточный и таки беззаботный. Выдерет конопли, обмолотит, ссыплет в анбарчик, и черт ему не брат, — цены своему товару не сложит. Купцы, зная это, уж и не ездят в деревни, пока не станут чиновники собирать подушных. Потому что не укупишь тут у мужика ничего. Пойдет один на другого опираться: «Да мы ста пе эпаем; да какие цены, бог е знает; как люди, так и мы. Вон наши большаки еще не продавали». Только от них и добьешься. А как потребуют подушное, так тут забирай у них, по чем хочешь. Купцы на этом большую пользу для себя имеют; но больше в этом деле корыстуются свои сельские большаки, то есть этакие богатенькие мужички, что капиталец кой-какой имеют или свои маслобойни. Прокудин был не из самых богатых; только еще на разживу пошел. Собрал деньжат с извоза и маслобойню выстроил, а на торговлю-то уж не осталось. Он бил масло из чужой конопли из-за платы да из-за жмыха. Плата у нас за выбивку масла пустая, потому что много уж очень маслобоен, но жмых дорог в хозяйстве: им и лошадей кормят и свиней, да и люди его, по нужде, к муке подмешивают. Однако дело это с маслобойней не тешило Прокудина. Все хотелось ему так же, как другие, бить масло из своей конопли, потому что тут барыша бывает рубль на рубль.

— Так-то бы оно, Константин Борисыч, было бы, к примеру, антиреснее, — говорил он Константину, сидя с ним за штофом у почтового кузнеца.

— Это точно, что глаже было бы, — отвечал Костик.

Смекнул это дело Костик, отобрал свои деньги с процентов у кузнеца и у дворника, и составили они с Прокудиным компанию. Прокудин был темный мужик, ну да и Костик не промах. Попытали они было сначала друг друга за дверь вывести, да и бросили, увидавши, что нашла коса на камень. Дело у них с самого с зимнего Николы пошло крупное — на рубль два наживали. Костик всякий вечер уходил на маслобойню и по целым ночам там сидел. Учитывал он Прокудина лучше любого контролера. Так прошла зима, свезли масло в Орел, продали его хорошей ценою, поделили барыши, и досталось Костику на его долю с лишком двести рублей. Стали мужики соседние Костику кланяться и стали его называть Константином Борисычем. Алена тем временем выздоровела и домой вернулась, только все молилась мужу: «Не тронь ты меня, Борисыч; дай мне с силой собраться». Это Костика сердило, и все он попрекал жену ее леченьем. А она, я вам сказал, безответная была — все молчала. У нас много есть таких женщин по селам, что вырастает она в нужде да в загоне, так после терпит все, словно каменная, и не разберешь никак: не то она чувствует, что терпит, не то и не чувствует. Настя тоже была терпеливая, только эта все горячо чувствовала. Бывало, скажет ей Петровна: «Плоха я становлюсь, Настасьюшка! На кого я тебя покину? Хоть бы мне своими руками тебя под честной венец благословить». А она так и побледнеет: «Живи, — говорит, — матушка! живи ты; не хочу я замуж; я с тобою буду». — «Дитя ты мое глупое!» — скажет, бывало, Петровна, да и закашляется. Совсем стало ее одолевать удушье, а осенью, как начались туманы да слякоть, два раза так ее прихватило, что думали, вот-вот душа с телом на росстали. Снежок в эту осень рано выпал; к Михайлову дню уж и санный путь стал. На Михайлов день у нас праздник. Петровна выпросила у барыни Настю, и пошли они к обедне, и Костик пошел, только особо, с мирошником Михайлой. В церкви, как отошла обедня, Прокудин запросил их к себе на обед. Петровна было отказывалась: «Дело, — говорила, — мое слабое, где мне по гостям ходить? Благодарим на добром слове, на привете ласковом!» Но Костик глянул на мать, глянул на сестру, они и пошли. Сестра его страсть как боялась, а мать хоть и не боялась, но часто по его делала, «абы лихо спало тихо». Зашли все к Прокудину. Угощенье было богатое: пироги, щи со свежиной, похлебка с потрохами, гуси жареные, солонина духовая с хреном, гусиные полотки, а после закуски разные: орехи, подсолнухи, столбики с инбирем и круглые прянички, а детям коньки пряничные. При этом, разумеется, было и выпито вдоволь и водки, и пива, и домашней браги, и меду сыченого. Костик так нахлебтался, что на ногах не стоял и молол всякий вздор. Настя с молодками да с девушками на верхнем полу сидели. Ее все расспрашивали, что да как там у вас в господском доме? Какие порядки? Кто ябедой или переносами занимается? Какова невестка? Гуляет она с «ем или нет? Но у Насти, бывало, ни о ком худого слова не вытянешь. Тихая была девка и на словах будто не речиста; а как нужно увернуться, чтобы кого словом не охаять, так так умела она это сделать, что никому и невдомек, что она схитрила. Петровну Прокудин усадил в красный угол и все за ней ухаживал и дочерей к ней подводил, и внуков, и сына Григорья. Григорью было лет двадцать. Несуразный он был парень: приземистый, голова какая-то плоская, нос крошечный с пережабиной и говорил так гугняво, неприятно. В деревне все считали его дурачком и звали Гришкой-лопоухим. „Вот мой и наследник! – сказал Прокудин, указывая Петровне на Гришку. – Вот для кого и бьюсь и стараюсь. Умру, с собой не возьму ничего, все ему останется“.

Вечером запрег Прокудин сани и отправил гостей домой; лошадью правил Гришка, а Костик пьяный во все горло орал песни, и все его с души мутило. Рада была Настя, что домой вернулась; надоело ей это гостеванье и пьянство. К работе мужичьей она была привычна, потому что у нас мелкие панки в рабочую пору всех на поле выгоняли, даже ни одной души в доме не останется. Настя умела и жать, и гресть за косой, и снопы вязать, и лошадью править, и пеньку мять, прясть, ткать, холсты белить; словом, всю крестьянскую работу знала, и еще как ловко ее справляла, и избы курной она не боялася. Даже изба ей была милее, чем бесприютная прихожая в господской мазанке; а безобразие, пьянство да песни пьяные страсть как ее смущали. Она очень любила, коли кто поет песню из сердца, и сама певала песни, чуткие, больные да ноющие. Большая она была песельница, и даже господа ее иной раз вечером заставляли петь. Только она им не пела своих любимых песен, эти песни она все про себя пела, словно берегла их, чтоб не выпеть, не израсходовать. Пойдет, бывало, за водою к роднику, – ключ тут чистый такой из-под горки бил, – поставит кувшины под желоб, да и заведет:

> Из-за бору, бору зеленова
> Протекала свет быстрая речка,
> Стучала, гремела по каменьям острым,
> Обрастала быстра речка калиной, малиной.
> На калиновом мосточке сидела голубка, —
> Ноженьки мыла, полоскала,
> Сизые перышки перебирала,

7

Бедную головушку чесала,
Расчесав головушку, взворковала:
«Завтра поутру батюшка будет…
Хоть он будет иль не будет, тоска не убудет?
Вдвое, втрое у голубки печали прибудет».

II

Ноябрь уж приходил к концу, началась филиповка[1]; дорога стояла отменная; заказано было собирать подушное. Костик все чаще навещал Прокудина; сидели, водочку вместе попивали, а о деле, насчет конопли, ни слова. Костик все мостился к Прокудину опять в компанию, а прямо сказать не хотел, потому что знал, какой Прокудин прижимистый. Прокудин тоже молчал. Костиков капитал ему бы и крепко теперь был к руке, да на уме он что-то держал и до поры до времени отмалчивался. Костик видел, что Прокудин неспроста что-то носом водит, а разгадать его мыслей никак не мог. Надоело ему это до смерти, злился он, как змей лютый; а все по вечерам заходил к Прокудину. Стали большаки конопельку ссыпать, и Прокудин возов с пяток ссыпал. Видит Костик, что дело без него обходится, не стерпел, пошел к Прокудину. Пришел вечером, а Прокудина дома нету.

– Где Исай Матвеич? – спросил Костик.

– Нетути, родимый! у масляницу пошел. – Пошел и Костик в масляницу.

– Здравствуй, Матвеич!

– Здравствуй, Борисыч!

– Помогай бог.

– Спасибо.

– Аль пущать масляницу задумал?

– Хочу пущать в четверг.

– Доброе дело.

– Что господь одарит.

– Матвеич! вечерять пора. Ужинать собрали, – крикнула через окно жена Прокудина.

– Ладно. Вечеряйте, мы после придем; а ты, Гришутка, иди; я сам тут печку покопаю.

---

[1] Филиповка – пост перед рождеством.

Григорий встал, закинул в печку новую охапку прошлогодней костры, передал отцу ожег, исправлявший должность кочерги, и вышел. Прокудин почесал бороду, лег на костру перед печкою и стал смотреть, как густой, черный дым проникал сквозь закинутую в печь охапку белой костры, пока вся эта костра вдруг вспыхнула и осветила всю масляницу ярким поломем.

– Ух! шибнуло как, – сказал Прокудин, заслоня от жару ладонью свое лицо.

Костик ничего не ответил на это замечание, только встал, закурил свою коротенькую трубочку, лег возле Прокудина на брюхо и пристально в него воззрился.

– Что ж, как, Матвеич? – спросил Костик.

– Ась!

– Как, мол, дела-то будут?

– Какие?

– Да известно какие: по маслобойке.

– А уж как господь приведет.

– Вместе, что ли, опять будем?

– Эт-та с тобой, что ли?

– Ну да.

Прокудин задумался. Костик раза два курнул, сплюнул и опять спросил:

– Ну, как же?

– Да оно бы, известно, ничего; да…

– Что?

– Дела вон ишь ты какие.

– Какие ж дела?

– Все брешут: то на бар, то воля; в степи, пожалуй, погонят. Кто его знает-то!

– Это все пустяки! – отвечал Костик, ясно понимавший, что Прокудин увертывается от прямого ответа.

– Пустяки, пустяки, а иной раз, гляди, на экую штуку наскочишь. Я это тебя ж пожалеючи говорю.

– Ты вот что, Матвеич! Ты не михлюй, а говори дело: хочешь али не хочешь компанию опять иметь?

– Да не гожо, чудак ты этакой!

– Стало, не хочешь?

– Вот пристал!

Костик поднялся, взял с лавки шапку и сказал:

– Ну, на том прощенья просим, Исай Матвеич!

– Постой! Куда ты? – крикнул Прокудин.

9

– Ко двору пора.

– Постой, сичас Гришка придет, пойдем повечеряем; хоть выпьем по крайности вместе.

– Нет, пойду ко двору.

– Экой неуломный!

– Прощай!

Костик ушел и целую неделю не приходил к Прокудину. Прокудин пустил в ход маслобойню и закупал богатой рукой коноплю. Костик все это слышал и бесился. Масло стояло высоко, а коноплю Прокудин забирал без цены: барыши впереди были страшные. Думал было Костик обратиться к кому-нибудь другому из мельников, да все как-то не подходило, и капитала ему всем не хотелось оказывать. А барыши Прокудинские ему в горле стояли. Прокудин тоже боялся, чтобы Костик не подсударил своего капитала кому другому, и не спускал его с глаз. Капиталу у Прокудина тоже невесть что было в сборе; он только нарочно подзадоривал Костика большими закупками конопли, а в деньгах на оборот крепко нуждался. Костик же этого никак сообразить не мог и все думал, что Прокудин, должно быть, обогрел его при прошлогоднем расчете, и еще больше сердился.

Прошло этак дней восемь, мужички тащили к Прокудину коноплю со всех сторон, а денег у него стало совсем намале. Запрег он лошадь и поехал в Ретяжи к куму мельнику позаняться деньгами, да не застал его дома. Думал Прокудин, как бы ему половчее обойтись с Костиком? А Костик как вырос перед ним: ведет барских лошадей с водопою, от того самого родника, у которого Настя свои жалостные песни любила петь. Завидел Прокудин Костика и остановил лошадь.

– Здравствуй, – говорит, – Борисович!

– Здравствуй! – отвечал Костик.

– Что тебя не видать?

– Зачем видеть-то?

– Как зачем? Неш все по делу! Можно, чай, и так повидаться.

– Некогда, дядя! – и Костик дернул лошадей.

– Слушай-кась! Постой! – крикнул Прокудин.

– Чего?

– Да вот что! Ты побывай ко мне.

– Ладно.

– Нет, неправда побывай.

– За коим лядом?

– Дело есть.

– Полно шутки шутить!

– Нет, право-слово, дело есть.

— А дело есть, так говори.

— Что тут за разговор на улице.

— Пойдем в избу.

— Бревен там лишних много, в вашей избе-то. Побывай ко мне сегодня. А то, малый, жалеть опосля будешь.

— Да какое там дело?

— Ну, какое дело! Приходи, так узнаешь. Костик ничего не ответил и повел лошадей; Прокудин тоже хлопнул вожжой и поехал ко двору.

Поужинал Костик, надел тулуп и пошел к Прокудину. Все уж спали; он стукнул в окно масляницы; Прокудин ему отпер. Костик, не поздоровавшись, сел и спросил:

— Ну, какое там дело?

— Погоди, прыток больно. Вот выпьем да капусткой закусим, тогда и дело будет.

Выпили и закусили.

— У меня, брат, нынче все как-то живот болит, — сказал Прокудин.

— Ты говори, дело-то у тебя какое до меня? — отвечал Костик.

— Такое дело, что жаль мне тебя, старого друга: вот какое дело!

— Благодарим, — отвечал Костик совершенно серьезно.

— Право.

— Да я ж тебя и благодарю.

— Хоть мне и не надобен твой капитал и не под руку он мне, — сла-ть господи, свой достаток есть, — ну, одначе, вижу, что надо тебя приютить в товарищи.

Костик молчал. Он смекал, что Прокудин что-то надумал.

— Выпьем-ка по другому, — сказал Прокудин. Выпили.

— Еще одну.

И еще по одной выпили.

— Только вот что, — сказал Прокудин.

— Что?

— У меня есть до тебя просьба. Да вряд, парень, сослужишь.

— Говори, какая такая просьба?

— А если как сослужишь, то не то, что то есть вот эта конпания, — это: тьфу! (Прокудин плюнул), — а по гроб жизни тебя не забуду. Что хочешь, во всем тебе не откажу.

— Да говори, говори.

— Словом скажу: считаться не будем, как услужишь.

— Да полно калякать-то: говори, в чем дело. Прокудин воззрился в Костика, помолчал и потом тихонько сказал:

— Парня хочу женить.

— Ну.

11

– Невесту надоть достать.

– Что ж, есть на примете, что ли?

– Есть.

– Девка?

– Знамо, девка.

– Знамо! А может, вдова.

– Девка.

– За, чем же дело стало?

– Да за тобой.

– Как за мной?

– Гришутка парень смирный да непоказной. Из наших ему невест не выберешь: все сорви-головы девки.

– Стало, из чужих насмотрел?

– Из чужих.

– Дальняя, откуда?

– Нет, сблизу. Да не в том штука. А тебя надо просить: ты парень ловкой; без тебя этого дела не обделаешь.

– Да чия ж такая будет эта девка?

– А вот выпьем, да и скажу.

Выпили по четвертому стакану. В голове у Костика заходило. Он закурил трубку и спросил:

– Ну, чья?

– Да что, брат! не знаю, и говорить ли? И тебе, должно, этому делу не помочь. А уж уважал бы я тебя; то есть вот как бы уважал, что на век бы ты пошел. Только что нет, не сдействуешь ты, – говорил Прокудин, выгадывая время, чтобы Костика покрепче разобрало вино и жадность. – А ты ловок, шельма, на эти дела!

– Да говори! – крикнул Костик. – Знаю я эту девку, что ли?

– Знаешь, – отвечал, прищуривая глаза и улыбаясь, Прокудин.

– Кто ж она такая?

– Честная девка.

– Честная! да откуда?

– Из хорошей семьи, из разумной.

– Как ее звать?

– Настасьею. Догадался, что ли? А по батюшке Борисовной, коли уж ты нонеча недогадлив стал.

Костик захохотал.

– Это-то дело! – вскрикнул он. – Ну, дело! Это дело все равно что сделано.

– Ой?

– Разумеется.

12

– Не врешь, парень? – проговорил Прокудин, улыбаясь и наклоняясь к Костику.

– Разводи толковище-то!

Они поцеловались, и еще по стакану выпили, и еще, и еще, и так весь штоф высушили. Не мог Костик нарадоваться, что этим дело разъяснилось. Он все думал, что не имеет ли Прокудин какого умысла принять его не в половину, а на малую часть или не загадает ли ему какого дела опасного. С радости все целовался пьяный брат, продавши родную сестру за корысть, за прибытки.

III

Костик недолго собирался. На другой же день он вызвал сестру в чулан и объявил ей свою волю. Девка так и ахнула.

– Это за гугнявого-то? – спросила она. – Что это вы, братец! шутите?

– Не шучу, а ты пойдешь за него замуж. Сегодня Прокудин господам деньги взнесет.

– Я не пойду, братец, – тихо отвечала робкая Настя; а сама как полотно белая стала.

– Что-о? – спросил Костик и заскрипел зубами. – Не пойдешь?

– Не могу, братец, – отвечала Настя, не поднимая глаз на брата.

– С чего это не могу? – опять спросил Костик, передразнивая сестру на слове «не могу».

Настя молчала.

– Говори, черт тебя абдери! – крикнул Костик.

Настя все молчала.

– Стой же, девка, я знаю, что с тобой делать!

– Не сердитесь, братец.

– Говори: отчего не пойдешь за Григория?

– Противен он мне; смерть как противен!

– Н-да! Вот оно штука-то! Ну, это вздор, брат. С лица-то не воду пить. Это не мадель – баловаться.

– Братец! Голубчик мой! Вы мне наместо отца родного! – крикнула Настя и, зарыдав, бросилась брату в ноги. – Не губите вы меня! Зреть я его не могу: как мне с ним жить?..

– Молчать! – крикнул Костик и, оттолкнув сестру ногою в угол чулана, вышел вон. А Настя, как толкнул ее брат, так и осталась на том месте,

13

оперлася рукой о кадушечку с мукой и все плакала и плакала; даже глаза у нее покраснели.

– Что тебе, Настюша? – спросила ее Алена.

– Ох, невестушка милая! что они со мной хотят делать: за Гришку за Прокудина хотят меня выдать; а он мне все равно что вон наш кобель рябый. Зреть я его не могу; как я с ним жить стану? Помоги ты мне, родная ты моя Аленушка! Наставь ты меня: что мне делать, горькой? – говорила Настя, плачучи.

Стала Алена и руки опустила. Смерть ей жаль было Насти, а пособить она ей ничем не придумала; она и сама была такая же горькая, и себе рады никакой дать не умела. Села только да голову Настину себе в колена положила, и плакали вдвоем. А в чулане холод, и слезы как падают, так смерзнут.

Костик тем временем переговорил с матерью и с барыней. Мать только спросила: «Каков парень-то, Костюша?» Костик расхвалил Гришку; сказал, что и непитущий и смиренник. «Ну и с богом; что ж косою-то трепать в девках!» – отвечала Петровна. Ей и в ум не пришло, что Настя этого гугнявого и лопоухого смиренника «зреть не может»; что он ей «все равно что рябый кобель», который по двору бегал. Как ее выдавали замуж, так и она выдавала дочь. Только бы «благословить под святой венец». А барыня и еще меньше толковала. Запросила она за девку шестьдесят пять рублей, а сошлись на сорока, и тем дело покончили, и рукобитье было, и запои, – и девки на девичник собрались. Свадьба должна была быть сейчас после крещенья. Недели с три всего оставалось Насте прожить своим житьем девичьим.

Всегда Настя была добрая и кроткая, а тут, в эти три недели, совсем точно ангел небесный стала. И жалкая она такая была, что смотреть на нее никак нельзя: словно тень ее ходит, а ее самой как нет, будто душечка ее отлетела. Лицо стало такое длинное да бледное, как воск, а черные волосы еще более увеличивали эту бледность. Только материнские агатовые глаза горели скрытым внутренним огнем и выражали ту страшную задавленность, которая не давала Насте силы встать за самое себя. По ночам она все не спала, все ей что-то чудилось. То, бывало, побежит к матери, то бросится в господскую детскую. Там две барышни маленькие спали: одна из них, Машенька (царство ей небесное, умерла уже она), была любимица Настина. Ей всего шестой годочек шел, да понятливая была девочка и чувствительная. Бывало, если отец на кого крикнет или вздумает кого розгами наказывать, по тогдашним порядкам, так она, как ястребок маленький, так перед отцом и толчется: «Пляси, папа! пляси для меня! Я плакать буду, пляси, папочка!» А сама уж в пять ручьев плачет. Так, бывало, и отмолит от наказанья. Все ее люди любили в дворе: «Это наша застоя!» – говорили, бывало. Всякий ее на руки хотел взять, подержать, поцеловать ее маленькую лапку. Все ей за князя пророчили выйти, а она вышла за еловую домовинку. Настя больше всех, кажется, любила маленькую барышню, и Маша ее любила без памяти. С тех пор как Костик женился на Алене и занял Петровнин чулан, Настя стала спать на войлочке возле Машиной кроватки. Ночью, бывало, и то у них дружба идет. Проснется Маша, сейчас шепотом Настю зовет или сама соскочит в рубашоночке с кроватки да прямо и юркнет к Насте под одеяло, и целуются, целуются, словно любовники молодые или как голуби. Так и заснут, уста к устам прижавши. Настя Машу обнимает, а та ее обхватит своею ручонкою за шею, и спят так, как два ангела божьи. Не раз их так заставала барыня, и доставалось за это на орехи и Насте и барышне, но разнять их никак не могли. Днем тоже Маша вертелась все возле Насти. Зимой Настя тальки[2] по уроку пряла. Две тальки в неделю, по сорока пасом, в каждом пасме по сорок ниток, и чтобы свернутая талька в барынино венчальное кольцо проходила. Это очень трудная работа, но Настя была первая мастерица прясть. Случился у Насти двугривенный, и купила она за него на ярмарке для Маши маленький гребень с донцем. Такая была радость ребенку! С тех пор она все с этим снарядом в ногах у Насти на скамеечке мостилась и пряла хлопки. Шутя, шутя выучила ее Настя прясть, и сама, бывало, засмотрится, как та одною лапкою намычку[3] из гребня щепет, а другою ведет нитку да веретенцем маленьким посукает. «Погоди, – говорила Маша, – погоди, Настя, выучусь хорошенько прясть, я тебе стану помогать». Настя схватит ее, целует, целует, та только лепечет: «М-м, задусис, задусис», а сама все терпит и губенками к Настиным губам, как пчелка маленькая, льнет. Отличное дитя было!

В эти дни недели, что оставалось от рукобитья до свадьбы, Настя ко всем как ясочка все ласкалась; словно как прощалась со всеми молча, а больше всех припадала до матери да до маленькой Маши. Жаль было на нее смотреть, так она тяжко мучилась, приготовляясь свой честный венец принять. А Костику и горя мало; ходит – усенки свои пощипывает, а вечерами все барыши на счетах выкладает да водку с Прокудиным пьет. Сестры он словно и не видит. Другие же и видели, и смекали, и всем жаль было Насти, да что же исчужи поделаешь? Петровна тоже задумывалась, да запои уж пропиты, что ж тут делать? Опять Костика вспомнила,

---

[2] Талька – моток ниток; пасма – прядь пеньковых ниток.
[3] Намычка – кудель, пучок пеньки, изготовленный для пряжи.

гармидер[4] поднимет, перебьет всех, – так и пустилась на божью волю. «Девка, – думала, – глупа; а там обойдется, и будут жить по-божьему».

Так прошло рождество; разговелись; начались святки; девки стали переряжаться, подблюдные песни пошли. А Насте стало еще горче, еще страшнее. «Пой с нами, пой», – приступают к ней девушки; а она не только что своего голоса не взведет, да и чужих-то песен не слыхала бы. Барыня их была природная деревенская и любила девичьи песни послушать и сама иной раз подтянет им. На святках, по вечерам, у нее девки собирались и певали.

В эти святки то же самое было. Собрались девки под Новый год и запели «Кузнеца», «Мерзляка», «Мужичков богатых», «Свинью из Питера». За каждой песней вынимали кольцо из блюда, накрытого салфеткой, и толковали, кому что какая песня предрекает. Потом Анютка-круглая завела:

> Зовет кот кошурку в печурку спать.
> Девушки подхватили: «Слава, слава».

Допели песню, и вынулось серебряное кольцо Насти. Смысл песни изъяснять было нечего. Все захохотали, да подсмеиваться, да перешептываться промеж себя стали. Настя надела поданное ей колечко, а сама бледная как смерть; смотрит зорко, и словно как ничего не видит и не слышит. Девки шепнули одна другой на ухо: «Жердочка, жердочка», откашлянулись, да полным хором сразу и хватили «Жердочку». Все это спросту делалось, а Настя как услыхала первые два стиха знакомой песни, так у нее и сердце захолонуло. А девки все веселее заливаются:

> Как по той по жердочке
> Да никто не хаживал,
> Никого не важивал;
> Перешел Григорий сударь,
> Перевел Настасью свет
> За правую за рученьку
> На свою сторонушку.
> На своей на сторонушке
> И целует, и милует,
> И целует, и милует,

---

[4] Гармидер – крик, шум.

Близко к сердцу прижимает,
Настасьюшкой называет.

Настя встала с места, чтоб поблагодарить девушек, как следует, за величанье, да вместо того, чтобы выговорить: «Благодарю, сестрицы-подруженьки», сказала: «Пустите».

Девушки переглянулись, встали и выпустили ее из-за стола, а она прямо в дверь да на двор. «Что с ней? Куда она?» – заговорили. Послали девочку Гашу посмотреть, где Настя. Девочка соскочила с крыльца, глянула туда-сюда и вернулась: нет, дескать, нигде не видать! Подумали, что Настя пошла к матери, и разошлись. Собрались ужинать, а Насти нет. Кликали, кликали – не откликается. Оказия, да и только, куда девка делася? А на дворе светло было от месяца, сухой снег скрипел под ногами, и мороз был трескучий, крещенский. Поужинали девушки и спать положились, устроив дружка дружке мосточки из карт под головами. Насти все не было. Она все стояла за углом барского дома да плакала. Пробил ее мороз до костей в одном платьице, вздохнула она, отерла рукой слезы и вошла потихоньку через девичью в детскую комнату. Обогрела у теплой печки руки, поправила ночник, что горел на лежанке, постлала свой войлочек, помолилась перед образником богу, стала у Машиной кроватки на колена и смотрит ей в лицо. А дитя лежит, как херувимчик милый, разметав ручки, и улыбается. «Спишь, милка?» – спросила Настя потихонечку, видя, что дитя смеется не то во сне, не то наяву – хитрит с Настей.

– М-м! – сказала девочка спросонья и отворила свои глазки.

– Спи, спи, душка! – проговорила Настя, поправляя на ребенке одеяльце.

– Это ты, Настя?

– Я, милая, я. Спи с богом! Христос с тобой, матерь божия и ангел хранитель! – Настя перекрестила свою любимицу.

– Посиди, Настя, у меня.

– Хорошо, моя детка. Я так вот над тобой постою.

– Милая! – сказала девочка Насте, обняла ее ручонкой, прижала к себе и поцеловала.

– Какая ты холодная, Настя! Ты на дворе была?

– На дворе, голубка.

– Холодно там?

– Холодно.

– А я сон какой, Настя, видела!

– Какой, моя пташечка?

– Будто мы с тобой по хвастовскому лугу бегали.

– А-а! Ну, спи с богом, спи!

– Нет, послушай, Настя! – продолжало дитя, повернувшись на своей постельке лицом к Насте. – Мне снилось, будто на этом лугу много-много золотых жучков – хорошенькие такие, с усиками и с глазками. И будто мы с тобой стали этих жучков ловить, а они все прыгают. Знаешь, как кузнечики прыгают. Все мы бегали с тобой и разбежались. Далеко друг от друга разбежались. Стала я тебя звать, а ты не слышишь: я испугалась и заплакала.

– Горсточка ты моя маленькая! Испугалась она, – сказала Настя и погладила Машу по кудрявой головке.

– Ну, слушай, Настя! Как я заплакала, смотрю, около меня стоит красивая такая… не барыня, а так, Настя, женщина простая, только хорошая такая. Добрая, вся в белом, длинном-длинном платьице, а на голове веночек из белых цветочков – вот как тетин садовник Григорий тебе в Горохове делал, и в руке у нее белый цветок на длинной веточке. Взглянула я на нее и перестала плакать; а она меня поцеловала и повела. И сама не знаю, Настя, куда она меня вела. Все мы как будто как летели выше, выше. Я про тебя вспомнила, а тебя уж нету. Ты внизу, и мне только слышно было, что ты кричишь. Я глянула вниз, а тебя там волки рвут: черные такие, страшные. Я хотела к тебе броситься, да нельзя, ножки мои не трогаются. А тут ко мне навстречу много-много детей набежало: все хорошенькие такие да смешные, Настя: голенькие и с крылышками. Надавали мне яблочек, конфеток в золотых бумажках, и стали мы летать, – и я, Настя, летала, и у меня будто крылышки выросли. А тут ты меня назвала, я и проснулась. Хороший это сон, Настя?

– Хороший, моя крошка, хороший. Спи с богом!

– О чем же ты, Настя, плачешь?

– Так, ни о чем, деточка; спи!

– Зубки у тебя болят?

– Да; спи, спи!

– Нет, скажи, о чем плачешь? Кто тебя обидел?

– Зубки болят.

– Нет, – нетерпеливо сказала девочка, – кто тебя обидел?

– Никто, мой дружок. Так, скучно мне.

– Скучно?

Настя кивнула головой, а глаза полнехоньки слез. Девочка стала ее гладить по лицу ручками и лепетала:

– Не плачь. Чего скучать? Весна будет, поедем с мамой к тете; будем на качелях качаться с тобой. Григорий садовник опять нас будет качать, вишень нам даст, веночек тебе совьет…

18

– Ах, крошка ты моя несмысленная! Совьет мне веночек Григорий, да не тот, – отвечала Настя и ткнулась головой в подушку, чтоб не слыхать было ее плача. Только плечи у нее вздрагивали от задушенного взрыва рыданий.

– Настя! Чего ты? – приставала девочка. – Настя, не плачь так. Мне страшно, Настя; не плачь! – Да и сама, бедняжечка, с перепугу заплакала; трясет Настю за плечи и плачет голосом. А та ничего не слышит.

На ту пору барыня со свечкой и хлоп в детскую.

– Что это! что это такое? – закричала.

– Мамочка милая! Настю мою обидели; Настя плачет, – отвечала, сама обливаясь слезами, девочка.

– Что это? – отвечала барыня. – Настасья! Настасья! – А та не слышит. – Да что ты в самом деле дурачишься-то! – крикнула барыня и толкнула Настасью кулаком в спину.

Прокинулась Настя и обтерла слезы.

– Что ты дурачишься? – опять спросила барыня. Настя промолчала.

– Иди спать в девичью.

– Мамочка, не гони Настю: она бедная! – запросила девочка и опять заплакала и обхватила ручонками Настю.

– Иди в девичью, тебе говорю! – повторила барыня, – не пугай детей, – и дернула Настю за рукав.

– Ай! ай! мама, не тронь ее! – вскрикнуло дитя. Вскипела барыня и схватила на руки дочь, а та так и закатилась; все к Насте рвется с рук.

– Розог, розог, вот сейчас тебе розог дам! – закричала мать на Машу. А та все плачет да кричит: «Пусти меня к моей Насте; пусти к Насте!»

Поставила барыня девочку на пол; подняла ей подольчик рубашечки, да и ну ее валять ладонью, – словно как и не свое дитя родное. Бедная Маша только вертится да кричит: «Ай-ай! ай, больно! ой, мама! не буду, не буду».

Настя, услыхав этот крик, опомнилась, заслонила собой ребенка и проговорила: «Не бейте ее, она ваше дитя!»

Ударила барыня еще раз пяток, да все не попадало по Маше, потому что Настя себя подставляла под руку; дернула с сердцем дочь и повела за ручонку за собою в спальню.

Не злая была женщина Настина барыня; даже и жалостливая и простосердечная, а тукманку дать девке или своему родному дитяти ей было нипочем. Сызмальства у нас к этой скверности приучаются и в мужичьем быту и в дворянском. Один у другого словно перенимает. Мужик говорит: «За битого двух небитых дают», «не бить – добра не видать», – и колотит кулачьями; а в дворянских хоромах говорят: «Учи, пока впоперек лавки укладывается, а как вдоль станет ложиться, – не выучишь», и порют розгами. Ну, и там бьют и там бьют. Зато и там и там одинаково дети, вдоль лавок под святыми протягиваются. Солидарность есть не малая.

Эх, Русь моя, Русь родимая! Долго ж тебе еще валандаться с твоей грязью да с нечистью? Не пора ли очнуться, оправиться? Не пора ли разжать кулак, да за ум взяться? Схаменися, моя родимая, многохвальная! Полно дурачиться, полно друг дружке отирать слезы кулаком да палкой. Полно друг дружку забивать да заколачивать! Нехай плачет, кому плачется. Поплачь ты и сама над своими кулаками: поплачь, родная, тебе есть над чем поплакать! Авось отлегнет от твоей груди, суровой, недружливой, авось полегчеет твоему сердцу, как прошибет тебя святая слеза покаянная!

IV

Перевенчали Настю с Гришкой Прокудиным. Говорил народ, что не свадьба это была, а похороны. Всего было довольно: питья, и еды, и гостей званых; не было только веселья да радости. Пьяные шумели, кричали, куражились, – и больше всех куражился Костик. Он два раза заводил драку, и Прокудин два раза разводил его. Но трезвого задушевного веселья и в помине не было. Бабы заведут песню, да так ее кое-как и скомкают; то та отстанет от хора, то другая – и бросят. Глядят на молодых да перешептываются. Молодые сидели за особым столом; Гришка был расчесанный, примасленный, в новой свите, с красным бумажным платком под шеей. С лица у него тек пот, а с головы масло, которым его умастила усердная сваха. Гришка был в этот вечер хуже, чем когда-нибудь. Плоские волосы, лоснящиеся от втертого в них масла, плотно прилегли к его выпуклому лбу и обнаруживали еще яснее его безобразную голову. Он вообще походил теперь на калмыцкого божка-болванчика и бессмысленным взором обводил шумную компанию. На молодую жену он не смотрел. Его женили, а ему все равно было, на ком его женили. – А Настя? Настя сидела обок мужа не живая, не мертвая. Даже когда кто-нибудь из пьяных гостей, поднимая стакан, говорил: «горько! подсластите, молодой князь со княгинею», Настя, как не своя, вставала и давала целовать себя Григорью и опять садилась. Ни кровинки не видно было в ее лице, и не бледное оно было, а как-то почернело. С самого утра этого дня сна будто перестала мучиться и точно как умерла.

20

Одевали ее к венцу, песни пели, косу девичью расчесывая под честной венец; благословляли образами сначала мать с Костиком, потом барин с барыней; она никому ни словечка не промолвила, даже плачущую Машу молча поцеловала и поставила ее на пол. Посадили ее в господскую кибитку, обвешанную красными платками, и к церкви привезли. В церкви долго ждали попа; все свахи, дружки и поддружья измерзли, поминаются, и Гришка поминает ноги и носом подергивает; а Настя как стала, так и стоит потупя глаза и не шелохнется. Пришел, наконец, поп, и началось венчание.

— Имаши ли, Григорие, благое произволение пояти себе сию Анастасию в жену? – спросил поп Григория.

Григорий ничего не ответил. Поп обратился с вопросом к Насте, и она ничего не ответила. Они оба не поняли вопроса и не догадались даже, что вопрос этот к ним обращается. Поп, наконец, перевенчал Настю с Григорьем Прокудиным. Когда водили Настю вокруг налоя и пели: «Исайя, ликуй! Дева име во чреве и роди сына Еммануила», она дико взглянула вокруг, остановила глаза на брате и два раза споткнулась, зацепившись за подножье. В толпе пошел шепот: «Ох! нехорошо это, бабочки! не к добру это она, болезная, споткнулась-то!» Так и вина Настя хлебнула с Григорьем из одной чашки «в знак единения», тихо и покойно. Но когда поп велел им поцеловаться, она как будто шарахнулась в сторону, однако дала себя обнять и поцеловать молча. В притворе церковном свахи завернули ей косу под белую женскую повязку с красной бумажной бахромой; надели паневу с мишурным позументом и синей прошвой спереди; одели опять в белый тулуп и повезли в дом свекра. Тут Настя кланялась и свекру-батюшке, и свекрови-матушке, и мужу, и брату своему, глотала вино, когда к ней приставали: «Пригубь, княгиня молодая», безропотно давала свои уста Гришке, когда говорили: «горько», «кисло», «мышиные ушки плавают», и затем сидела безмолвным истуканом, каким ее видели в начале настоящей главы.

Попойка все продолжалась; гости шатались, спорили и кричали. Свахи и дружки тоже подгуляли, и о молодых на время как будто позабыли. Прокудин угощал гостей с усердием и все оглядывая. Заметив на верхнем полу раскрасневшуюся молодую бабочку, бывшую Настиной свахой, он выразительно кивнул ей головой и опять продолжал потчевание. Сваха поправила повязку, выбежала за дверь и через четверть часа возвратилась с другою свахой и дружком. Молодых повели спать в пуньку с шутками да прибаутками. Более всех тут отличалась Настина сваха, у которой муж другой год пропадает на Украине и которая в это время успела приобрести себе кличку Варьки-бесстыжей. Впрочем, ее никто не обегал, потому что она была и работница хорошая и из хорошего дома. О ее родных говорили, что они «первые хозяины», и Варьке по ним везде был почет, хоть и знали, что она баба гулящая. Ну да «у нас (как говорят гостомльские мужики) из эвтого просто», – ворон ворону глаза не выклюет. У нас лягушек очень много в прудах, так как эти лягушки раскричатся вечером, то говорят, что это они баб передразнивают: одна кричит: «Где спала! где спала!» – а другая отвечает: «Сама какова! сама какова!» Впрочем, это так говорят, а уж на самом деле баба бабу не выдает: все шито да крыто. Только стариков так иной раз выводят на чистую воду. Зато уж старики и молчат, не упрекают баб ничем, а то проходу не будет от них; где завидят и кричат: «Снохач! снохач!» У нас погудка живет, что когда-то давненько в нашу церковь колокол везли; перед самою церковью под горой колокол и стал, колесни[5] завязли в грязи – никак его не вытащить. Припрягли еще лошадей, куда только можно было цеплять; бьют, мордуют, а дело не идет, потому что лошади не съезженные: одна дернет, а другая стоит. Никак не добьешься, чтобы все сразу приняли. Бились, бились и порешили, что лучше взвести колокол на гору народом. Собрался весь народ, подцепили за передок колесней веревки, крикнули:

Первой, другой
Разом!
Еще другой
Котом!
Ухха-ху-о!

Колокол пошел, но на половине горки народ стал; отдохнуть. Тут разумеется, сейчас смехи да пересмешки: кто как, вез; да кто надюжался, кто лукавил. Шутили так, отдыхаючи.

– Ну, будет! – крикнул дьячок. Молодой был парень и шутник большой. – Будет, – говорит, – стоять-то да зубы скалить, принимайся опять.

Народушка опять взялся, опять пропел «первой-другой» и потянул.

– Что-то тяжело стало! – крикнул дьячок.

– И то, малый, словно потяжелело! – отозвался кто-то из ребят.

– Верно, снохач какой-нибудь есть промеж нас, – крикнул дьячок.

– Снохачи долой! – гаркнули молодые ребята и все мужики, этак лет за сорок, так сразу и отскочили, а остальные не удержали колокола, и он загудел опять книзу.

---

[5] Колесни – дроги.

Смеху было столько, на всю деревню, что и теперь эта погудка живет, словно вчера дело было. А там уж правда ли это или нет – за это не отвечаю. Только в Гостомле всякое малое дитя эту погудку расскажет, и обапольные бабы нашим мужикам все смеются: «Гостомцы, – говорят они, – как вы колокол-то тянули?» Часто этак смеются.

Бабы у нас бедовые, «разухабистые», что говорится; а Варька-бесстыжая на все дела была первая. Ее все брали в свахи, и она считалась лучшею свахою, потому что была развеселая, голосистая, красивая и порядки все свадебные знала. Ребят у нас женят все молодых, почти мальчишек, на иного и смотреть еще не на что, а уж его округтут с девкой. Ничего иной не смыслит, робеет перед женою, родным в это дело мешаться неловко, так и дорожат свахой смелой да бойкой. А уж Варька была такая сваха, что хоть какого робкого мальчишку жени, так она ему надает смелости и «доведет до делов». Она была свахою и у Насти. Другая сваха, со стороны жениха, была только для прилики. Это была веселая востролиценькая бабенька; она только пела да вертелась, а дела-то от нее никакого не было. Всем делом орудовала Варька, и на нее одну все обращали внимание.

Раздела Варька Настю в холодной пуньке, положила ее в холодную постель и одела веретьем, а сверху двумя тулупами. Тряслася Настя так, что зубы у нее стучали. Не то это от холода, не то бог ее знает от чего. А таки и холод был страшный; —

– Зазябла, молодка! – говорила Варька Насте: потом погасила фонарь и вышла.

Через минуту дверь пуньки опять скрипнула: «Иди! иди, дурашный!» – шепнула Варька и насильно втолкнула в пуньку молодого князя Григорья Прокудина.

А в избе все шла попойка, и никто в целом доме в эти минуты не подумал о Насте; даже свахи только покрикивали в сарайчике, где лежал отбитый колос: «Не трожь, не дури, у тебя жена есть!» – «Ай, ну погоди! Дай вот жене скажу», – раздавалось в сарайчике. В избе на рюминском хуторе тоже видно было, что народ гуляет; даже Алены не было дома, и только одна Петровна стояла на коленях перед иконой и, тепля грошовую свечечку из желтого воска, клала земные поклоны, плакала и, задыхаясь, читала: «Буди благословен день и час, в онь же господь наш Иисус Христос страдание претерпел».

Не знаю, отчего у нас старые люди очень многие знают эту молитву и особенно любят ею молиться, претерпевая страдания, из которых соткана их многопечальная жизнь. Этой молитвой Петровна молилась за Настю почти целую ночь, пока у Прокудина кончился свадебный пир и Алена втащила в избу своего пьяного мужа, ругавшего на чем свет стоит Настю.

23

V

С тех пор как Варвара стала ходить в свахах, она никогда не запомнила такой свадьбы, какова ей далась Настина свадьба. И на колосе она наигралась, и назяблась уж порядком, и из избы ей уж два раза доносили, что жареный петух готов и пора молодых поднимать, «а поднимать их не с чем». Зло Варвару берет страшное. Она с сердцов то выругает Григорья «сопатым», то в дверь пуньки рукой, будто невзначай, стукнет, – а все нет того, чего ей ждется. Походила она и стукнула еще раз – дверь отворялась, и перед изумленною свахою предстала Настя совсем одетая: в паневе, в фартуке и в повязке.

– Что ж это вы? – воскликнула Варвара.

– Пойдем, куда тебе нужно, – тихо ответила Настя, взяв сваху за руку. Это было первое слово, которое выговорила Настя в день своей свадьбы.

Делать было нечего; Варвара собрала дружков, оправила голову замерзшему Гришке, и с церемониею повели молодых за брачный стол есть когута[6] жареного и пшенную кашу с коровьим маслом.

Невесело шли поздравления. Гости поздравляли заикаясь и не договаривая приличных случаю двусмысленных острот и обычных прибауток. Прокудин шептал что-то Костику на ухо, а тот, едва понимая пятое слово, вскрикивал: «Не может быть! Эшь она! гади я ее!» Алена толкнула мужа и твердила ему: «Полно срамничать-то, озорник! Полно сестру-то хаить, – ты глянь на нее, какая она: краше в гроб кладут». Настя сидела за масленой кашей и жареным когутом и ни к чему не прикасалась. Она нисколько не изменилась и смотрела тем же равнодушно убитым взглядом, каким глядела час тому назад, когда ее еще сваха Варвара не выводила из-за стола в пуньку. Григорий как-то совсем осовел: он и перезяб, и спать ему хотелось, и он зевал и жался. Сваха Варвара хлопотала около молодых, потчевала их, а сама трещала и, как сорока, оборачивалась на все стороны. Григорий выпил стаканов шесть браги, а Настя и полстакана не могла выпить, потому что брага была хмельная, разымчивая. У нас в такую брагу пенного вина подбавляют, и человек от нее скоро дуреет; а свашенька Варвара поусердствовала для молодых и, отняв для них браги в особый кубан, еще влила туда добрую долю пенника. Никак не могла пить Настя этой браги, с души ее она мутила. Без привычки таки этой браги, сыченой с пенником или с простой полугарной водкой, никак нельзя пить: и не вкусна она, а запах в ней делается отвратительный, и голова вдруг разболевается. А мужики охотно

---

[6] Когут – петух.

портят вкусную хлебную брагу винной подмесью, потому что с подмесью она крепче, «сногсшибательнее».

Григорий выпил шестой стакан браги, словно развеселился и стал все засовывать руку за спину жене, стараясь ее как бы обнять; но смелости у него на это недоставало, и рука в половине своего эротического движения падала на лавку сзади Насти. Выпил Григорий еще два стакана, смелее целуясь с женою за каждым «горько»; сваха объявила, что «молодой княгине пора упокой принять», и опять с известными церемониями уложила Настю в ее холодной супружеской спальне. Потом взяла Григорья в чулан в сенях; долго ему говорила и то и се, «ты, — говорит, — дурак сопатый! Чего ты на нее смотришь? Ведь это не про господ, а про свой расход. Другой бы на твоем месте досе... Да где тебе, дуриле лопоухому!»

— Чего ты ругаешься-то? — гнусил Григорий. — Ты до время не ругайся. Я тебе говорю, не ругайся. Мы свое дело понимаем.

— То-то! — значительно сказала сваха и, заставив молодого выпить стакан водки, повела его к Насте. В пуньке она опять налила водки и поднесла Насте, но Настя отпросилась от угощенья, а Григорий, совсем уже опьяневший, еще выпил. Сваха тоже выпила и, взяв штоф под мышку, вышла с фонарем вон и затворила за собою пуньку.

— Настасья! а Настасья! — гнусил Григорий, хватая рукою по кровати.

— Что? — тихо, но нетерпеливо спросила Настасья.

— Ты тута? Настя молчала.

— Тута ты, Настасья? — опять спросил молодой.

— Да тута, тута! Где ж бы я поделась?

— То-то, — проговорил молодой.

А Насте крепко-крепко хотелось не быть теперь тута. Да, говорят у нас, во-первых: «Не так живи, как хочется, а так, как бог велит», а во-вторых, говорят: «Жена человеку всякому богом назначена, еже бог сопряже человек да не разлучает».

Всю эту ночь у Прокудиных пили да гуляли, и поснули, где кто ткнулся, где кому попало.

Утром раньше всех к Прокудиным пришла сваха Варвара.

— Что, как молодые? — спросила.

— Ничего, спят.

— Ну, нехай их поспят еще.

Опохмелились, закусили и лясы поточили. Пришли дружки, кое-кто из родных, опять выпили, опять побалакали, да и про молодых опять вспомнили. «Пора подымать!» — сказала Варвара.

Все согласились, что пора поднимать. Бабы домашние стали собирать новый завтрак для молодых, а Варвара с дружками и другой свахой пошли к пуньке. День был ясный, солнечный, и на дворе стояла оттепель.

25

Пришла Варвара с дружками к пуньке, отперла замок, но, как опытная сваха, не отворила сразу дверь, а постучала в нее рукой и окликнула молодых. Ответа не было. Варвара постучала в другой раз, – ответа опять нет. «Стучи крепче!» – сказал Варваре дружко. Та застучала из всей силы, но снова никто ничего не ответил. «Что за лихо!» – промолвила Варвара.

– Отворяй двери! – сказал дружко.

Варвара отворила двери, и все вошли в пуньку.

Григорий лежал навкось кровати и спал мертвым сном; он был полураздет, но не чувствовал холода и тяжело сопел носом. Насти не было. Свахи и дружки обомлели и в недоумении смотрели друг на друга. В самом деле, пунька была заперта целую ночь; Григорий тут, а молодой нет. Диво, да и только!

– Что ж это, братцы? – проговорил, наконец, один дружко.

– Это диковина, – отвечал другой.

– Это неспроста, – сказали свахи.

– Это его дело, – опять заметил первый дружко. В углу, за сложенными бердами и всякою рухлядью, что-то зашумело.

– Ах! Ах! – закричали бабы, метнувшись в двери, а за ними выскочили и мужики.

– Чего вы? чего вы? – проговорил тихий Настин голос.

– Это молодайка! – воскликнули бабы.

– А, молодайка!

– Пойдем.

Опять отворили двери, и все ввалились в тесную пуньку. Григорий по-прежнему спал почти что впоперек кровати, а Настя сидела на полу в темном уголке, закутанная в белом веретье. Ее не заметили в этом уголке, когда она, не давая голоса, лежала, прислонясь к рухляди, вся закутанная веретьем.

– Что ты тут делаешь? – спросила ее Варвара.

– Видишь что… ничего! Скажи ребятам, чтоб вышли.

Дружки вышли за двери; а Настя встала и протянула руку к паневе. Варвара оглянула ее с плеч до ног и спросила:

– Что ж это ты дуришь, молодайка?

Настя ничего не ответила.

– Что ж это и справда? родителев только страмишь? – проговорила другая сваха.

А Настя все молчит да одевается.

– Куда ты? – спросила Варвара, видя, что Настя, одевшись, идет к двери.

– Умыться пойду.

– Стой-ка, красавица, так не делается! Подожди мужа. Ты! эй, ты! – звала Варвара Григория, толкая его под бок; а он только мычал с похмелья.

– Вставай, сокол ясный! Вставай, ворона голенастая! полно носом-то водить! – продолжала Варвара.

Гришка встал, чесал голову, чесал спину и никак не мог очнуться. Насилу его умыли, прибрали и повели с женою в избу, где был готов завтрак и новая попойка. Но тут же были готовы и пересуды. Одни ругали Настю, другие винили молодого, третьи говорили, что свадьба испорчена, что на молодых напущено и что нужно съездить либо в Пузеево к знахарю, либо в Ломовец к бабке. Однако так ли не так, а опять веселья не было, хотя подпили все опять на порядках.

Хороводились таким манером через пень в колоду до самого обеда. После обеда запрягли трое саней парами и стали собираться ехать к Настиным господам на поклон. Выложила Настя свои заветные ручники, на которых красной и синей бумагой были вышиты петухи, решетки, деревья и павлины, и задумалась над этими ручниками. Ей вспомнились другие дни, другие годы, когда она, двенадцатилетней девочкой, урывала свободный часок от барской работы и проворно метала иглою пестрые узоры ручниковых концов и краснела как маков цвет, когда девушки говорили: «Какие у Насти хорошие ручники будут к свадьбе».

Уселись поезжане. Настю с мужем посадили на задние сани; с ними села сваха Варвара, а за ними ехали верхами двое дружек. Из господского дома поезд прежде всех завидели девушки, забегали и засуетились, повторяя: «Молодые, молодые, на поклон едут!» Господа спали после обеда, но, услышав суету, встали. Барин надел ватный кашемировый халат и подпоясался, а барыня сняла со шкафа бутыль с зоревой настойкой и нацедила два графинчика водки. Поезд остановился у крыльца и не сходил с саней. Только один дружко слез с лошади и, отдав повод своему товарищу, вошел в хоромы.

– Здравствуй, Тихон! – сказал барин, увидя вошедшего знакомого парня.

– Здравствуй, Митрий Семеныч!

– Что, брат, скажешь?

– К твоей милости.

– Ты дружком, что ли? – спросил барин, глядя на перевязанный красным платком рукав Тихоновой свиты.

– Точно так, Митрий Семеныч! Молодые к тебе поклониться приехали: прикажешь принять?

– Как же, как же, Тихон! Веди молодых; спасибо, что вспомнили.

– Ну, вот благодарение тебе, – отвечал Тихон и вышел снова в сени.

27

На санях в ту же минуту началось движение. Бабы, мужики вставали, отряхивались и гурьбою полезли в прихожую. Тем временем барыня подала мужу в руки целковый, себе взяла в карман полтинник, а детям раздала кому четвертак, кому двугривенный, а Маше, как самой младшей, дала пятиалтынный. Дети показывали друг другу свои монеты и толковали, как они их положат на тарелку, когда придет время «отдаривать» Настю.

Отворилась дверь в маленький залец, и выступила из передней Настя и рядом с ней опять страшно размасленный Григорий. Поезжане стали за ними. В руках у Насти была белая каменная тарелка, которую ей подали в передней прежние подруги, и на этой тарелке лежали ее дары. Григорий держал под одною рукою большого глинистого гусака, а под другою такого же пера гусыню.

Молодые вошли, поклонились и стали у порога не зная, что им делать.

– Здравствуйте, друзья мои, Григорий Исаевич и Настасья Борисовна!

– Здравствуйте, Митрий Семеныч! – отвечали разом все поезжане.

– И с хозяюшкой твоей и с детками, – подсказал кто-то из-за двери.
Молодые оба молчали.

– Спасибо, спасибо вам, что вспомнили меня.

– Да как же, Митрий Семеныч! – ответил кто-то из поезжан.

– Неш мы какие, прости господи…

– Мы твоей милости повсегды…

– Мы порядки соблюдаем, как по-божьему, значит.

– Что ж ты невеселая такая, Настя? – спросила барыня.

– Не огляделась еще, сударыня! – ответила сваха Варвара.

– То-то, ты не скучай.

– А ты поклонись сударыне-то, – опять подсказала Варвара, толкая Настю под локоть.

Настя стояла и не поклонилась сударыне.

– Ну так что же: поздравить надо молодых-то, что ли? – спросил барин.

– Да, надыть поздравить, Митрий Семеныч, да дары принять, – отвечал дружко.

Григорий поставил на пол гусей, которые крикнули с радости и тотчас же оставили на полу знаки своего прибытия, а Настя подошла с своей тарелкой к барину.

Барин взял рюмку травника, поднял ее и проговорил:

– Ну, дай же вам бог жить в счастье, радости, совете, любви да согласии! – выпил полрюмки, а остальным плеснул в потолок.

– Спасибо тебе, Митрий Семеныч, на добром слове! – сказал Прокудин, а за ним и другие повторили то же самое. Настя подала барину ручник, а барин положил на тарелку целковый.

Так Настя одарила всю господскую семью и последний подала хорошенький ручник Маше.

Маша забыла положить свой пятиалтынный на тарелку и, держа его в ручонках, бросилась на шею к Насте.

– Ишь как любит-то! – заметила Варвара, поцеловав свесившуюся через Настино плечо руку девочки.

Между тем стали потчевать водкою поезжан, и начались приговорки: «горько», да «ушки плавают». Насте надо было целоваться с мужем, и Машу сняли с ее рук и поставили на пол.

Дошло потчевание до Варвары. Она взяла рюмку, пригубила и сказала: «Горько что-то!» Молодые поцеловались. Варвара опять пригубила и опять сказала: «Еще горько!» Опять молодые поцеловались, и на Настином лице выразилось и страдание и нетерпеливая досада.

А Варвара после второго целованья сказала: «Ну дай же бог тебе, Григорьюшка, жить да богатеть, а тебе, Настасьюшка, спереди горбатеть!» – и выпила. Все общество рассмеялось.

Дружки дольше всех суслили свои рюмки и все заставляли молодых целоваться. Потом угощали других поезжан.

А барыня тем временем подошла к молодым, да и спрашивает:

– Что ж, Григорий, любишь ты жену?

– Как же, сударыня, жену надыть любить.

– Все небось целуетесь?

Григорий засмеялся и провел рукавом под носом.

– Ну, ишь барыне хочется, чтоб вы поцеловались, – встряла Варвара.

На Настином лице опять выразилась досада, а Григорий облапил ее за шею и начал трехприемный поцелуй.

Но за первым же поцелуем его кто-то ударил палкою по голове. Все оглянулись. На полу, возле Григория, стояла маленькая Маша, поднявши высоко над своей головенкой отцовскую палку, и готовилась ударить ею второй раз молодого. Личико ребенка выражало сильное негодование.

У Маши вырвали палку и заставили просить у Григория прощения. Ребенок стоял перед Григорьем и ни за что не хотел сказать: прости меня. Мать ударила Машу рукою, сказала, что высечет ее розгою, поставила в угол и загородила ее тяжелым креслом.

Девочка, впрочем, и не вырывалась из угла; она стояла смирно, надув губенки, и колупала ногтем своего пальчика штукатурку белой стены. Так она стояла долго, пока поезд вышел не только из господского дома, но даже и из людской избы, где все угощались у Костика и Петровны. Тут ничего не произошло выходящего из ряда вон, и сумерками поезд отправился к Прокудину; а Машу мать оставила в наказание без чая и послала спать часом раньше обыкновенного, и в постельке высекла. У нас

29

от самого Бобова до Липихина матери одна перед другой хвалились, кто своих детей хладнокровнее сечет, и сечь на сон грядущий считалось высоким педагогическим приемом. Ребенок должен был прочесть свои вечерние молитвы, потом его раздевали, клали в кроватку и там секли. Потом один жидомор помещик, Андреем Михайловичем его звали, выдумал еще такую моду, чтобы сечь детей в кульке. Это так делал он с своими детьми: поднимет ребенку рубашечку на голову, завяжет над головою подольчик и пустит ребенка, а сам сечет, не державши, вдогонку. Это многим нравилось, и многие до сих пор так секут своих детей. Прощение только допускалось в незначительных случаях, и то ребенок, приговоренный отцом или матерью к телесному наказанию розгами без счета, должен был валяться в ногах, просить пощады, а потом нюхать розгу и при всех ее целовать. Дети маленького возраста обыкновенно не соглашаются целовать розги, а только с летами и с образованием входят в сознание необходимости лобызать прутья, припасенные на их тело. Маша была еще мала; чувство у нее преобладало над расчетом, и ее высекли, и она долго за полночь все жалостно всхлипывала во сне и, судорожно вздрагивая, жалась к стенке своей кровати.

Беда у нас родиться смирным да сиротливым – замлут, затрут тебя, и жизни не увидишь. Беда и тому, кому бог дает прямую душу да горячее сердце нетерпеливое: станут такого колотить сызмальства и доколотят до гробовой доски. Прослывешь у них грубияном да сварою, и пойдет тебе такая жизнь, что не раз, не два и не десять раз взмолишься молитвою Иова многострадательного: прибери, мол, толоко, господи, с этого света белого! Семья семьею, а мир крещеный миром, не дойдут, так доедут; не изоймут мытьем, так возьмут катаньем.

VI

Головы свои потеряли Прокудины с Настею. Пять дней уже прошло с ее свадьбы, а все ни до какого ладу с нею не дойдут. Никому не грубит, ни от чего не отпирается, даже сама за работу рвется, а от мужа бегает, как черт от ладана. Как ночь приходит, так у нее то лихорадка, то живот заболит, и лежит на печке, даже дух притаит. Иной раз сдавалось, что это – она притворяется, а то как и точно ее словно лихорадка колотила. Старшая невестка, Домна, хотела было как-то пошутить с ней, свести ее за руку с печки ужинать, да и оставила, потому что Настя дрожмя дрожала и ласково шепотом просила ее: «Оставь меня, невестушка! оставь, милая! Я за тебя буду богу молить, – оставь!» Домна была баба веселая, но добрая и жалостливая, – она не трогала больше Насти и даже стала за нее заступаться перед семейными. Она первая в семье стала говорить, что Настя испорчена. Бог ее знает, в самом ли деле она верила, что Настя испорчена, или нарочно так говорила, чтоб вольготнее было Насте, потому что у нас с испорченной бабы, не то что с здоровой, – многого не спрашивают. Дьявола, который сидит в испорченной, боятся. Оттого-то, как отольется иной бабочке житьецо желтенькое, так терпит-терпит, сердечная, да изловчится как-нибудь и закричит на голоса, – ну и посвободнее будто станет.

В Насте этакой порчи никакой никто не замечал из семейных, кроме невестки Домны. И потому Исай Матвеич Прокудин, сказавши раз невестке: «Эй, Домка, не бреши!», запрег лошадь и поехал к Костику, а на другой вечер, перед самым ужином, приехал к Прокудиным Костик.

– Вот! – крикнул Исай Матвеич, увидя входящего в дверь Костика. – Только ложками застучали, а он и тут. Садись, сваток, гость будешь.

Исай Матвеич помолился перед образами и сел в красном угле, а за ним села вся семья, и Костик сел.

– А где же Настя? – спросил Костик, осмотревши будто невзначай весь стол. – Аль она у вас особо ужинает?

– Нет, брат, она у нас совсем не ужинает, – отвечал Прокудин, нарезывая большие ломти хлеба с ковриги, которую он держал между грудью и левою ладонью.

– Как не ужинает?

– Да так, не ужинает, да и вся недолга; то живот, то голова ее все перед вечером схватывают, а то лихорадка в это же время затрепит.

– Что такое! – нараспев и с удивлением протянул Костик.

– Да уж мы и сами немало дивуемся. Жалится все на хворость, а хворого человека нельзя ж неволить. Ешьте! Чего зеваете! – крикнул Прокудин на семейных и начал хлебать из чашки щи с жирною свининою.

– Что ж это за диковина? – опять спросил Костик, еще не обмакнувший своей ложки. – Да где же она у вас?

– Кто? Настя-то?

– Да.

– А не знаю; гляди, небось на печке будет.

Костик молча встал с лавки и пошел к печке, где ни жива ни мертва лежала несчастливая Настя, чуя беду неминучую.

– Что ты лежишь, сестра? – спросил вслух Костик, ставши ногою на приставленную к печке скамью и нагнувшись над самым ухом Насти.

31

– Не по себе, братец! – отвечала Настя и поднялась, опершись на один локоть.

– Что так не по себе?

– Голова болит.

– Живот да голова – бабья отговорка. Поешь, так полегчает. Вставай-ка!

– Нет, брат, силушки моей нет. Не хочу я есть.

– Ну, не хочешь, поди так посиди.

– Нет, я тут побуду.

– Полно! Вставай, говорю.

Костик скрипнул зубами и соскочил с скамейки. Настя охнула и тоже спустилась с печи. Руку ей смерть как больно сдавил Костик повыше кисти.

– Подвиньтесь! – сказал Прокудин семейным, – дайте невестке-то место.

Семья подвинулась, и Настя с Костиком сели.

– Ешь! – сказал Костик, подвинув к сестре ломоть хлеба, на котором лежала писаная ложка. Настя взяла было ложку, но сейчас же ее опять положила, потому что больно ей было держать ложку в той руке, которую за минуту перед тем, как в тисках, сжал Костик в своей костливой руке с серебряными кольцами.

– Кушай, невестушка! – сказал Прокудин, а Костик опять скрипнул зубами, и Настя через великую силу стала ужинать.

Больше за весь ужин ничего о ней не говорили. Костик с Исаем Матвеичем вели разговор о своих делах да о ярмарках, а бабы пересыпали из пустого в порожнее да порой покрикивали на ребят, которые либо засыпали, сидя за столом, либо баловались, болтая друг дружку под столом босыми ножонками.

Отошел незатейливый ужин. Исай Матвеевич с Костиком выпили по третьему пропускному стаканчику, – закусили остатком огурца и сели в стороне, чтобы не мешать бабам убирать со стола. Костик закурил свою коротенькую трубочку и молча попыхивал и поплевывал в сторону. Исай Матвеевич кричал на ребят, из которых одни червячками лезли друг за другом на высокие полати, – а другие стоя плакали в ожидании матерей, с которыми они опали по лавкам. Настя стояла у столба под притолкой, сложа на груди руки, и молчала. Мужики вышли на двор управить на ночь скотину. Впрочем, мужиков дома, кроме самого Исая Матвеевича, оставалось только двое: Григорий да его двоюродный брат Вукол. Домниного мужа и двух других старших сыновей Прокудина не было дома, – они были на Украине.

Костик выкурил свою трубочку, выковырял пепел, набил другую и снова раскурил ее, а потом он встал с лавки и, подойдя к двери, сказал:

32

– Поди-кась ко мне, сестра, на пару слов.

Настя спокойно вышла за братом. Домна глянула на захлопнувшуюся за невесткою дверь и продолжала собирать со стола объедки хлеба и перепачканную деревянную посуду.

– Ты что это так с мужем-то живешь? – спросил Костик за дверью Настю, стоя с нею в темных сенях.

– Как я живу, братец, с мужем? – проговорила окончательно сробевшая перед братом Настя.

– Как! Разве ты не знаешь, как ты живешь?

– Да как же я живу?

– Что ты огрызаешься-то! Нешто живут так по-собачьи! – крикнул Костик.

– Я не живу по-собачьи, – тихо отвечала Настя.

– Стерва! – крикнул Костик, и послышалась оглушительная пощечина, вслед за которой что-то ударилось в стену и упало.

Домна отскочила от стола и бросилась к двери.

– Куда! – крикнул Исай Матвеевич на Домну. – Не встревай не в свое дело; пошла назад!

Домна повернулась к столу, смахнула в чашку хлебные крошки и, суя эту чашку в ставец, кого-то чертакнула.

– Кого к чертям-то там посылаешь? – спросил Прокудин старшую невестку.

Домна ничего не отвечала, но так двинула горшки, что два из них слетели с полки на пол и разбились вдребезги.

– Бей дробней! – крикнул с досадою Прокудин.

– И так дробно! – отвечала Домна, подбирая мелкие черепочки разбитых горшков.

– Да что ты, сибирная[7] этакая…

– Что! горшок разбила. Эка невидаль какая!

– Голову бы тебе так разбить…

Но в это время в сенях послышался раздирающий крик. Домна, не дослушав благожеланий свекра, бросилась к двери и на самом пороге столкнулась с Костиком.

– Совладал, родной! – сказала она ему с насмешкой и укором.

– Куда? – крикнул опять Прокудин. – Домна, вернись!

Но Домна не обратила никакого внимания на слова Прокудина и, выскочив в сени, звала:

– Настя! Настя! где ты? Настасья? Это я, откликнись, глупая.

---

[7] Сибирный – лютый, злой.

Никто не откликается. Домна шарила руками по всем углам, звала Настю, искала ее в чулане, но Насти нигде не было.

Домна вернулась в избу, ни на кого не взглянула и молча засветила у каганца лучинную засветку.

– Куда с лучиной? – крикнул Прокудин.

– Настасью искать.

– Чего ее искать?

– Того, что нет ее.

– До ветру пошла.

– А може и за ветром.

– Брось лучину! воротится небось.

Домна лучины не бросила и вышла с нею в сени; влезла с нею на потолок, зашла в чулан, заглянула в пуньку, а потом, вернувшись, острекнула лучину о загнетку и сказала:

– Ну теперь уж сами поищите…

– Кого поискать?

Домна ничего не отвечала и, подозвав к себе плачущего пятилетнего сына, утерла ему нос подолом его рубашонки и стала укладывать его спать.

– Где Настасья-то? – спросил Прокудин. Домна молчала.

– Слышишь, что ли? Что я тебя спрашиваю! Где Настасья?

– А мне почем знать, где она? может, в колодце, може, в ином месте. Кто ее знает.

– Да что ты нынче брешешь!

– Что мне брехать. Брешет брех о четырех ног, а я крещеный человек.

– Не видал жены? – спросил Прокудин вошедшего Григорья.

– Нет, не видал.

– Что за лихо! Подите-ка ее поищите.

Ребята пошли искать Настю, и Костик злой-презлой пошел с ними, поклявшись дать Настасье здоровую катку за сделанную для нее тревогу. Но Насти не нашли ни ночью, ни завтра утром и ни завтра вечером.

Ночью на другой день в окно маслобойни Прокудина, откуда мелькал красноватый свет, постучался кто-то робкою рукою.

Костик и Прокудин, сидевшие вдвоем за столом в раздумье, как быть с пропажею бабы, тревожно переглянулись и побледнели. Стук опять повторился, и кто-то крикнул: «Отопритесь, что ли?»

Костику и Прокудину голос показался незнакомым, однако они встали оба вместе, вышли в сени и, посмотрев в дырку, прорезанную сбоку дверной притолки, впустили позднего посетителя.

Гость был один, и лицо его нельзя было рассмотреть в сенях. Пушистый снег как из рукава сыпался с самого вечера, и запоздалый гость был весь обсыпан этим снегом. Его баранья шапка, волосы, борода, тулуп и валенки представляли одну сплошную белую массу. Это был почтовый кузнец Савелий. Узнав его, когда кузнец вошел в маслобойню и стряхнулся, Костик плюнул и сказал:

– Тьфу, чтоб тебе пусто было! напугал только насмерть.

– Что больно пужлив стал? – спросил кузнец, обивая шапку и собираясь распоясываться.

– Да ведь ишь ты какой белый! – отвечал спохватившийся Костик.

– Белый, брат! Ты гляди, снег-то какой содит, страсть! и подземки крутить начинает.

– Откуда ж тебя бог несет, дядя Савелий? – спросил Прокудин.

– А ты, дядя Исай, прежде взыщи гостя, а там спрашивай. Эх ты, голова с мозгом!

Прокудин достал из поставца полштоф и стаканчик и поднес Савелию.

– Куда ж, мол, едешь-то?

– Ехал было к тебе.

– По дороге, что ль?

– Нет, изнарочна.

– Что так?

– Так, спроведать задумал.

– Нет, неправда?

– Да правда ж, правда.

– Ты, парень, что-то говоришь, да не досказываешь.

– Вот те и раз! Вот за простоту-то мою и покор. Что ж, как живешь-можешь, Матвеевич?

– Ничего, твоими молитвами!

– Ну, брат, по моим молитвам давно бы вытянулся. Моя молитва-то: не успеешь лба путем перекрестить, то туда зовут, то туда кличут; хоть пропади! Хозяюшка как?

– Ничего; что ей на старости делается!

– Детки? невестка молодая?

– Да ты говори, что хочешь сказать-то?

Прокудин и Костик зорко смотрели в глаза кузнецу.

– Что сказать-то?

– Да что знаешь о невестке?

– Она у меня.

– Что врешь?

– Ей, право.

– Как так?

– Да гак, меня вчера дома не было, ездил в город; а она прибегла к хозяйке вся дроглая, перепросилась переночевать, да так и осталась.

35

Нонеча она молчит, а мы не гоним. Такая-то слабая, – в чем жизнь держится, куда ее прогнать. А под вечер я подумал: бог, мол, знает, как бы греха какого не было, да вот и прибежал к вам:

– На лошади, что ль?

– Да, а то как же? не пешком, чай.

Прокудин разбудил спавшего племянника и послал его дать гостевой лошади сена и невейки, а сам сел и стал разбирать бороду. Гость и Костик молчали.

– Так как же? – наконец спросил Костик, обращаясь к Прокудину.

– Это насчет чего?

– Да ведь мне некогда за ней ехать. Завтра в Орел с семям загадано ехать.

– Ой!

– Право.

– Как же тут потрафить!

– Слетать нешто ночью, теперь, чтоб утром ко двору быть, а ее нехай кто-нибудь довезет до дому-то.

– И то правда.

Так и сделали. Часа через полтора Костик ехал с кузнецом на его лошади, а сзади в других санях на лошади Прокудина ехал Вукол и мяукал себе под нос одну из бесконечных русских песенок. Снег перестал сыпаться, метель улеглась, и светлый месяц, стоя высоко на небе, ярко освещал белые, холмистые поля гостомльской котловины. Ночь была морозная и прохватывала до костей. Переднею лошадью правил кузнец Савелий, а Костик лежал, завернувшись в тулуп, и они оба молчали.

– Эх, брат Костик! запроторил ты сестру ни за что ни про что! – начал было Савелий; но Костик, услыхав такой приступ, прикинулся спящим, ничего не ответил. Он лежал, то злясь на сестру, то сводя в уме своем счеты с Исаем Матвеевичем, с которым они имели еще надежду при случае пополевать друг на друга.

А продрогшие лошадки бежали частой трусцой и скоро добежали до избы с резным коньком и ставнями. В этой избе жил веселый и добродушный кузнец Савелий, у которого всегда не ладились его делишки и которого все обманывали, кроме его жены, бывшей его другом, нянькою, любовницей и ангелом-хранителем. Теперь в этой избе была Настя. Она спала тревожным, тяжелым сном, обнявшись с женою кузнеца Савелья. В избе кузнеца было очень тепло и опрятно: на столе лежали ковриги, закрытые белым закатником, и пахло свежеиспеченным хлебом; а со двора в стены постукивал мороз, и кузнечиха, просыпаясь, с беспокойством взглядывала в окна, разрисованные ледяными кристалликами, сквозь пестрый узор которых в избу светила луна своим бледным, дрожащим светом.

Часу в третьем ночи раздался стук в ворота, и вслед за тем кузнец ударил несколько раз осторожно кнутовищем по оконной раме и назвал по имени ждавшую его с беспокойством жену.

VII

Настя не слыхала, как кузнечиха встала с постели и отперла мужу сеничные двери, в которые тот вошел и сам отпер ворота своего дворика. Она проснулась, когда в избе уж горел огонь и приехавшие отряхивались и скребли с бород намерзшие ледяные сосульки. Увидя между посетителями брата, Настя словно обмерла и, обернувшись к стене, лежала, не обнаруживая никакого движения.

Кузнец оттирал свой тулуп, который смерзся колом; Вукол, прислонясь к печке, грел свои руки; а Костик ходил взад и вперед по избе, постукивая на ходу нога об ногу.

— Ты б, Авдотья, нам картошечек сварила позавтракать, — обратился кузнец к жене, которая уже разводила на загнетке огонь под таганчиком.

— Я и то вот хочу сварить, — отвечала кузнечиха.

— А водочки нет? — спросил кузнец.

— И-и! где ж ей быть? Откуда?

— Ну и не надо.

— И так обойдется, — подтвердила жена, ставя на таган чугунчик с водою.

— Что ж это ты, Ивановна, плохо хозяйствуешь? — спросил кузнечиху Костик.

— Как так плохо?

— Да вот муж прозяб, а у тебя согреть его нечем.

— А! это-то. Небось согреется.

— Как же водочки-то ты не припасла?

— Да откуда мне ее припасти? Припасать его дело. Что припасет, то и сберегу; а мне где припасать. Одна в доме; ребят да скотину впору опекать.

— Работника-то аль отпустили?

— Да отпустили ж.

— Что так?

– Да так: капитала нет, и отпустили.

– Плохо.

– Жалостливый какой! – сказал кузнец, подмигнув жене.

– Да, – ответила та с скрытой улыбкой.

– Право. Ты чего смеешься? Я, брат, по душе жалею, – проговорил нимало не смешавшийся Костик.

– Ужалел, брат! Как бы не ты пристал осенью с ножом к горлу за деньги, так и мерин бы чалый на дворе остался, и работник бы был. А то ведь как жид некрещеный тянул.

– Чудак! Коли нужно было.

– Давал на пять лет, а вытянул назад через полтора года. Такая-то твоя помочь не то что вызволила нас, а в разор ввела.

– Полно жалобиться-то! – с некоторою досадою проговорила кузнечиха. – Живы будем, и сыты будем. С голодом еще не сидели. Дай бог только здоровья твоим рукам, а то наедимся, да и добрых людей еще накормим.

– Эка у тебя хозяйка-то, Савелий, разумная! – сказал Костик.

Кузнец ничего не ответил на это замечание и только поглядел на свою бабу, которая, опершись рукою на ухват, стояла перед таганом и смотрела в чугун, кипевший белым ключом.

– Нужно, брат, было, – сказал Костик, помолчав. – Тут жена заболела, а там братишек в ученье свезли, а напоследки вот сестру замуж выдал.

– Неш ты тут что потратил?

– А ты думаешь?

– Полно брехать, чего не надо.

– Вот и брехать.

– Известно. Эх, совесть! Неш мы делов-то не знаем, что ли?

– Ешьте-ка, вот вам дела. Нечего урекаться-то. Его были деньги, его над ними воля. А ты вот наживи свои, да тогда и орудуй ими как вздумаешь, – проговорила кузнечиха, ставя на стол чугун с горячим картофелем, солонку и хлеб.

– Экая тетка Авдотья! гусли, а не баба! – воскликнул Костик, желавший переменить разговор.

– Баба, брат, так баба. Дай бог хоть всякому такую, – отвечал кузнец, ударив шутя жену ладонью пониже пояса.

– Дури! – крикнула кузнечиха на мужа. – Аль молоденький баловаться-то.

– А то неш стары мы с тобой! а?

– Пятеро батей зовут, да все молодиться будешь.

– Вольно ж тебе, тетка Авдотья, рожать-то! – заметил Костик.

38

– Вольно! – ответила баба, копаясь около спящих на лавке ребятишек, и улыбнулась. Мужики тоже все засмеялись.

– Нет, братцы, я вот что задумал, – говорил, подмигнув Вуколу, кузнец, чистя ногтем горячую картофелину. – Я вот стану к солдатке ходить.

– Это умно! – заметил Вукол.

Кузнечиха смотрела на мужа и ничего не говорила.

– Право слово, хочу так сделать.

– Эх ты, бахвал! Полно бахвалить-то, – сказала кузнечиха.

– Чего бахвалить? я правду говорю.

– Много у солдатки есть и без тебя, и помоложе и получше.

– Это ничего. Старая лошадка борозды не портит.

– Солдатка-то любит, чтоб ходили да носили.

– И мы понесем.

– Что понесешь-то? Ребят-то вот прокорми.

– А цур им, ребята!

– Цур им.

– Ай да Савелий! Молодец! – крикнул Костик. – А ты, видно, завистна на мужа-то, тетка Авдотья?

– Тьфу! По мне, хоть он там к десяти солдаткам ходи, так в ту же пору. Еще покойней будет.

Мужики опять засмеялись над Авдотьей, которая хорошо знала, что муж шутит, а все-таки не стерпела и рассердилась.

Поели картофель, помолились богу и сказали спасибо хозяйке. Кузнец хотел обнять жену, но она отвела его руки и сказала: «Ступай с солдаткой обниматься!»

Костик закурил трубочку и велел Вуколу выводить за ворота лошадь. Когда Вукол вышел за двери, Костик встал и, подойдя к кузнечихиной постели, одернул с Насти одеяло и крикнул: «Вставай!»

Настя вскочила, села на кровати и опять потянула на себя одеяло, чтобы закрыть себя хоть по пояс.

– Вставай! – повторил Костик.

– Полно тебе, – сказала кузнечиха. – Отойди от нее, дай ей одеться-то. Ведь она не махонькая; не вставать же ей при мужиках в одной рубахе.

Костик отошел; Настя безропотно стала одеваться. Кузнечиха ей помогала и все шептала ей на ухо: «Иди, лебедка! ничего уж не сделаешь. Иди, терпи: стерпится, слюбится. От дождя-то не в воду же?»

Вукол вывел лошадь за ворота и стукнул кнутовищем в окно; Настя одела кузнечихину свиту, подпоясалась и сошла на нижний пол; Костик встал и, сверкнув на сестру своими глазами, сказал:

– Ну-ка иди, голубка!

Настя стояла.

– Иди, мол, – крикнул он и толкнул сестру в спину.

Настя стала прощаться с Авдотьей.

– А ты вот что, Борисыч! ты пожалей сестру, а не обижай. Обижать-то бабу много кого найдется, а пожалеть некому.

– Ладно, – ответил Костик и опять толкнул Настю.

– Да ты что толкаешься-то! – сказала кузнечиха, переменив голос.

– Хочу, и толкаюсь.

– Нет, малый, ты там в своем доме волен делать что хочешь, а у нас в избе не обижай бабу.

– Ты закажешь? – гневно спросил Костик.

– А еще как закажу-то! Нет тебе сестры, да и все тут! – воскликнула кузнечиха и пихнула Настю опять на верхний пол.

– А, такая-то ты! Разлучать мужа с женой вздумала!

– Не бреши, дядя, кобелем. Я злым делам и не рукодельница и не потатчица. Я сама своего мужа послала, чтоб, как ни на есть, свести твою сестру с Гришкой, без сраму, без греха; а не разлучница я.

– Что ж теперь делаешь?

– А то и делаю. Я думала, что ты ее возьмешь, как по-божьему, как брат; а ты и здесь зачинаешь все шибком да рыском; поезжай же с богом: я сама ее приведу…

– Савелий! – крикнул Костик.

– Что? – отвечал кузнец.

– Чего ж ты молчишь?

– А что ж мне говорить?

– Да что ж вы, разбойничать, что ли? На вас, чай, ведь суд есть.

– Ну, брат, мы там по-судейскому не разумеем. Костик прыгнул на пол, схватил за руку сестру и дернул ее к двери.

– Э! стой, дядя, не балуй! – сказала кузнечиха. – У меня ведь вон тридцать соколов рядом, в одном дворе. Только крикну, так дадут другу любезному такое мяло, что теплей летошнего. Не узнаешь, на какой бок переворачиваться.

Костику были знакомы кулаки гостомльских ямщиков. Он вспомнил прошлогоднюю ссору с ними на ярмарке и выпустил из своей руки сестрину руку.

– Нет, уж пусти меня, Авдотьюшка, – проговорила Настя, затрясшаяся от угрозы кузнечихи, – пусти, милая, поеду; все равно.

– Я тебя сама отвезу.

– Нет, пусти, пусти, – повторяла Настя, боявшаяся за строптивого брата, и сама тянула его за рукав к двери.

Кузнечиха пожала плечами и сказала:

– Ну, коли на то твоя воля, я тебе не перечу.

— Прощай, прощай! — повторила Настя и вышла за Двери.

— Благодарим на угощении, и а ласке! — язвительно сказал Костик и вышел вслед за сестрою.

— Не на чем, голубчик! — спокойно ответила Аздотья.

Сани заскрипели по снегу, а на дворе еще было темно.

— Иззяб ты? — спросила кузнечиха мужа.

— Спать хочется.

— Ступай на печь.

— Надо пойти вороты запереть.

— Ложись, я запру.

Кузнец полез на печку, а жена вышла на двор в одной рубахе и в красной шерстяной юбке. Вернувшись со двора, она погасила каганец и, сказав: «Как холодно!», прыгнула к мужу на печку.

— Зазнобилась? — спросил жену кузнец.

— Холодно смерть, — отвечала Авдотья.

VIII

Костик уехал с барином в Орел. Говорили, что они уехали на целую неделю, а может, и больше. На хуторе все ходило веселее. Барин у них был не лихой человек, и над ним даже не смеялись, потому что он был из духовных, знал народ и умел с ним сделываться. Сначала он, по барынину настоянию, хотел было произвести две реформы в нравах своих подданных, то есть запретить ребятишкам звать мужиков и баб полуименем, а девкам вменить в обязанность носит юбки; но обе эти реформы не принялись. На первую мужики отвечали, что это делается по простоте, что все у нас друг друга зовут полуименами: Данилка дядя, тетка Аришка и т. п. Либо полуименем, либо по одному отчеству, а полным крещеным именем редко кого называют. А относительно девичьих нарядов сказали, что девки на Гостомле «спокона века» ходили в одних вышитых рубашках и что это ничему не вредит; что умная девка и в одной рубашке будет девкою, а зрячая, во что ее ни одень, прогорит, духом.

— Да не то, ребятушки! а ведь нехорошо смотреть-то на большую девку, как идет в одной рубашке, — говорил барин.

— А ты, Митрий Семеныч, не гляди, коли нехорошо тебе показывается, — отвечали мужики.

Так барин отказался от своих реформ и не только сам привык звать мужиков либо Васильичами да Ивановичами либо Данилками, но даже сам пристально смотрел вслед девкам, когда они летом проходили мимо окон в белоснежных рубахах с красными прошвами. Однако на хуторе очень любили, когда барин был в отъезде, и еще более любили, если с ним в отъезде была и барыня. На хуторе тогда был праздник; все ничего не делали: все ходили друг к другу в гости и совсем забывали свои ссоры и ябеды.

Были сумерки; на дворе опять порошил беленький снежок. Петровна в черной свитке, повязанная темненьким бумажным платочком, вышла с палочкою на двор и, перейдя шероховатую мельничную плотину, зашкандыбала знакомой дорожкой, которая желтоватой полосой вилась по белой равнине замерзшего пруда. За Петровной бежала серая шавка Фиделька и тот рябый кобель, к которому Настя приравнивала своего прежнего жениха, а теперешнего мужа.

Настя сидела, сложив на коленях руки, в избе Прокудиных. Она была теперь одна-одинешенька: все семейные были на маслобойне, где заводили новый тяжелый сокол[8] и где потому нужно было много силы. Она была в своем обыкновенном, убитом состоянии и не заметила, как в избе совсем стемнело и как кто-то вошел в двери и, закашлявшись, прислонился к притолке. Она пришла в себя, когда знакомый старческий голос, прорываясь через удушье, произнес:

– Где ты, Настя?

Настя вскрикнула: «Матушка моя родимая!» – бросилась к матери и зарыдала.

– Так-то, дочка моя родимая! Таково-то лестно матушке слышать все, что про тебя люди носят да разнашивают.

Настя плакала на материнской иссохшей груди.

– Что, дитя мое? Что? Что будем делать-то? – спрашивала Петровна, поправляя волосы, выбившиеся из-под Настиной повязки.

– Ох! не знаю, матушка, – отвечала Настя, отслонясь от материной груди и утирая свои глаза.

– Сядем-ка. Смерть я устала… удушье совсем меня задушило, – говорила Петровна, совсем задыхаясь.

– Зачем ты пришла-то? Измучилась небось.

– К тебе, – едва выговорила Петровна. – Слухи все такие, словно в бубны бубнят… каково мне слушать-то! Ведь ты мне дочь. Нешто он, народ-то, разбирает? Ведь он вот что говорит… просто слушать срам.

---

[8] Тяжелый деревянный снаряд, заменяющий в крестьянских маслобойнях прессы. (Прим. автора.)

42

«Хорошо, говорят, Петровна сберегла дочку-то!» Я знаю, что это неправда, да ведь на чужой роток не накинешь моток. Так-то, дочка моя, Настюшка! Так-то, мой сердечный друг! – договаривала старуха сквозь слезы и совсем заплакала.

– Матушка, матушка! зачем же ты меня выдала замуж? Иль я тебя не почитала, не берегла тебя, не смотрела за твоей старостью?

– Дитя ты мое милое! – пропищала старуха сквозь слезы и еще горче заплакала.

Сидят обе рядком в темной избе и плачут. Только Настя не рыдала, как мать, а плакала тихо, без звука, покойно плакала. Она словно прислушивалась к старческим всхлипываниям матери и о чем-то размышляла.

– Змея одна своих детей пожирает, – проговорила Настя, как будто подумала вслух.

– Что ты говоришь? – спросила Петровна, не расслышавшая слов Насти.

Настя ничего не отвечала; но, помолчав немного, опять, как бы невольно, проронила:

– Погубили мою жизнь; продали мое тело, и душеньку мою продадут. Выпхнули на позор, на муку, да меня ж упрекают, на меня ж плачутся.

Петровна продолжала плакать.

– Матушка! – крикнула Настасья, вскочив с лавки.

– Что, моя дочушка?

– Не рви ты моего сердца своими слезами! И так уж изорвали его и наругались над ним. Говори сразу, чего ты хочешь?

– Сядь, Настюшка.

Настя села.

– Теперь ведь сделанного не воротишь.

– Ну!

– Не развенчаешься.

– Ну!

– Надо с мужем жить, как бог приказал. Настя, бледная, молчала.

– Родная ты моя!

– Что?

– Сними ты с моей старой головы срам-покор; пожалей ты и самое себя!

– Не приставай! – тихо ответила Настя.

– Пожалей себя!

– Пожалею, пожалею, только не приставайте вы ко мне, ради матери божией.

Заковыляла опять Петровна своею дорожкою, а Настя, стоя на пороге, долго, долго смотрела ей вслед, отерла слезу, вздохнула и воротилась в избу.

Собрались семейные, поужинали и пошли на ночлег по своим местам; и Настя пошла в свою пуньку.

«Господи боже мой! чего только они радуются?» – думала Настя, придя на другой вечер в гости к матери.

А Петровна и невестка Алена не знают, где ее и посадить и чем потчевать. Такие веселые, что будто им кто сто рублей подарил или счастье им какое с неба свалилось. Грустно это было Насте и смешно, но меньше смешно, чем грустно.

Сама Настя, однако, была покойнее, хотя собственно этот покой был покой человека, которому нечего больше терять и который уже ничего не хочет пугаться. Только она еще будто немножко побледнела в лице, и под глазами у нее провелись синие кружки.

Потчевали Настю и капустой и медом, но она ничего не хотела есть, Спрашивали ее, отчего мужа с собою не привела, но она ничего на это не отвечала, – «пора ко двору», – собралась и ушла.

И стала таким манером Настя жить в свекровом доме, как и другие невестки, и стали ее все уважать и заговорили с ней ласково. С мужем она никогда не говорила, ни при людях, ни без людей. За это на нее иногда серчал свекор, но как она вообще и ни с кем не была разговорчива, то и это на ней не взыскивали. «Молчаливая» да «молчаливая она у нас»; так и оставили. Так прошла масленица, пришел великий пост, Настя ходила говеть, исповедовалась и причащалась. Пришли «сороки[9]», на дворе стало крепко теплеть. Зима отошла, и белый снег по ней подернулся траурным флером; дороги совсем почернели; по пригоркам показались проталины, на которых качался иссохший прошлогодний полынь, а в лощинах появились зажоры, в которых по самое брюхо тонули крестьянские лошади; бабы городили под окнами из ракитовых колышков козлы, натягивали на них суровые нитки и собирались расстилать небеленые холсты; мужики пробовали раскидывать по коноплянникам навоз, брошенный осенью в кучах. Голодные грачи жадно хватали из навоза круглые коричневые комья и, носясь с оглушительным криком над деревнею, оспаривали друг у друга скудную добычу. Письмоводитель станового переносил из избы в избу мертвое тело, явившееся наружу из-под осевшего снега, и собирал с мужиков контрибуцию за освобождение их от вскрытия в их доме позеленевшего трупа. Словом, наступила весна, со всем тем, чем она обыкновенно знаменует свое пришествие к нам на Гостомле.

---

[9] Сорок мучеников. (Прим. автора.)

Было вербное воскресенье. День был светлый, теплый, солнечный. На дворе так хорошо, что не входил бы под крышу. Небо бледно-голубое, подернуто разорванными белыми облаками; воздух пропитан животворным теплом, и слышен крепкий запах оттаивающей земли и навоза. Над прогалинами вверху заливаются голосистые жаворонки, а на завалинах изб несметными стадами толкутся под обаянием весенних побуждений сладострастные воробьи. Все хочет жить; все собирается жить; все просит жизни. Чуется во всем пора любви, пора темных желаний, томительных, и тоски безграничной для тех, кому не с кем делить ни горя, ни радостей.

У Прокудиных дома оставалась только одна Домна. Все ушли к церкви, на ярмарку; даже ребятенок старших с собою забрали. А самые младшие со всей деревни собрались на стог костри́ки и, барахтаясь там, играли в свои ребячьи игры. Настя рано утром пошла навестить кузнечиху Авдотью, которая, поднимая хлебную дежу, надорвалась и лежала нездоровою. Посидела Настя у кузнечихи с часок и пошла домой. Так ей и хорошо было, как она шла полями, и мучительно; даже страшно стало. Пошла она шибче, шибче, а кругом все тихо, только слышно, как трухлый снег подтаивает и оседает. Дорога была тяжелая, потому что нога просовывалась и вязла. Устала Настя и, войдя в избу, села на лавку против самой печки, у которой стряпалась Домна.

– Аль уморилась? – спросила ее Домна.

– Уморилась, Домнушка.

– Что так? Недалече, чай?

– Недалече, да уморилась. Тяжко больно ходить-то стало.

– Ты гляди, бабочка, не тяжела ли сама-то стала? – спросила Домна, пристально глядя на Настю.

– И, бог с тобой! Что только вздумаешь! – проговорила, покраснев, Настя.

– Что вздумаю! Это, девушка, неш долго?

– Бог с ними.

– Дети-то?

– Да.

– Ну, ведь там хочешь не хочешь, а уж на то ты баба теперь.

– Помилуй господи!

– Аль рожать боишься?

– Что рожать! Люди рожают, да живы. А хоть бы умереть, так в ту ж бы пору.

– Так что ж: с деткой-то лучше, веселей-ча. Настя молчала и смотрела в огонь печи.

– Чего ты не раздеваешься? Жарко в свите-то, да еще подпоясамшись.

– Сичас, – ответила Настя, а сама, не трогаясь с места, все продолжала смотреть в огонь.

– Нет, ты, касатка, этого не говори. Это грех перед богом даже. Дети – божье благословение. Дети есть – значить божье благословение над тобой есть, – рассказывала Домна, передвигая в печи горшки. – Опять муж, – продолжала она. – Теперь как муж ни люби жену, а как родит она ему детку, так вдвое та любовь у него к жене вырастает. Вот хоть бы тот же Савелий: ведь уж какую нужду терпят, а как родится у него дитя, уж он и радости своей не сложит. То любит бабу, а то так и припадает к ней, так за нею и гибнет.

– Любит, – тихо промолвила Настя.

– Известно, любит. Ну и она его жалеет; нечего сказать, добрая баба.

– И она любит, – опять проговорила Настя.

– Ну иной и не то чтобы уж очень друг с дружкой любилися, а как пойдут ребятки, так тоже как сживутся: любо-два. Эх! не всем, бабочка, все любовь-то эта приназначена.

– С чего же не всем?

– Да ишь вот не всем.

– Это все люди делают.

– Известно, люди, либо опять, так сказать, нужда тоже делает.

– Нет, все люди.

Обе невестки замолчали.

– Вот только что у тебя муж-то не такой, как у добрых людей, – продолжала Домна.

Настя покраснела, как будто ее поймали на каком-нибудь преступлении или отгадали ее сокровенную мысль.

– И чудно как это, – продолжала Домна.

– О-ох! – болезненно произнесла Настя.

– Что тебе?

– Ничего.

– Чудно это, я говорю, как если любишь мужа-то, да зайдешь в тяжесть и трепыхнется в тебе ребенок. Боже ты мой, господи! Такою тут мертвой любовью-то схватит к мужу: умерла б, кажется, за него; что не знать бы, кажется, что сделала. Право.

А Настя ни словечка не отвечает; брови сдвинула и все смотрела, смотрела в огонь, да как крикнет не своим голосом:

– Ой! ой!

– Что ты? что ты, Настя? – бросилась к ней Домна.

– Ой! сосет, сосет меня!

– Кто сосет? где?

– За сердце, за сердце. Ой! ой!

— Что ты, бог с тобой! Испей водицы.

— Нет, сосет! сосет! Пусти, пусти меня. Ай! ай! отгони, отгони!

— Да кого отогнать? — спросила перепуганная Домна.

— Змей, змей огненный, ай! ай! За сердце… за сердце меня взял… ох! — тихо докончила Настя и покатилась на лавку.

У нее началась жестокая истерика. Она хохотала, плакала, смеялась, рвала на себе волосы и, упав с лавки, каталась по полу.

IX

Часто с Настею стали повторяться с этого раза такие припадки. Толковали сначала, что «это брюхом», что она беременна; позвали бабку, бабка сказала, что неправда, не беременна Настя. Стали все в один голос говорить, что Настя испорчена, что в ней бес сидит. Привезли из Аплечеева отставного солдата знахаря. Тот приехал, расспросил обо всем домашних и в особенности Домну, посмотрел Насте в лицо; посмотрел на воду и объявил, что Настя действительно испорчена.

— И испорчена она, судари вы мои, — сказал знахарь, — злою рукою и большим знахарем, так что помочь этому делу мудрено: потому как напущен на нее бес, называемый рабин-батька. Есть это что самый наизлющий бес, и выгнать его больно мудрено.

Прокудин, к чести его сказать, заботился о невестке и усердно просил знахаря, обещая ему дать что он ни потребует; а Петровна в ногах у него валялась.

Поломался знахарь, взял десять рублей на лекарства и сказал, что попробует.

Стал он над Настей что вечер шептать, да руками махать, да слова непонятные выкрикивать; а ей стало все хуже да хуже. То в неделю раз, два бывали припадки, а то стали случаться в сутки по два раза. На семью даже оторопь нашла, и стали все Насти чуждаться.

— Что ж, как? — спрашивал Прокудин знахаря.

— Упрям, шельма! Все внутрь в утробу он прячется.

— Не можешь ли сказать, кто это на нее напустил? Пошли бы уж к нему поклониться, пусть только назад вызовет.

— Нельзя этого никак.

— Вызвать-то?

— Нет, сказать…

– Отчего?

– Неровен час.

– Да ведь ты ж говорил, что их-то ты не боишься.

– Да я не боюсь, а…

– Что же?

– Да видишь, это огневой.

– Ну так что ж, что огневой.

– Ну и нельзя, значит, узнать, кто его посадил.

– Отчего же так?

– Да как же ты узнаешь! Теперь, если по воде пущен, – ну сейчас на воде видать тому, что на этом знается. Опять есть ветряные, что по ветру напущены; ну опять, кто его напустил, тоже есть средствие узнать. А огневого как ты узнаешь? Огонь сгорел, и нет его. Узнавай по чему хочешь!

– Да, да, да! – протянул Исай Матвеич. – Вот она штука-то!

– А, то-то и есть!

– Ну, а кабы в те поры, как с ней это случилось, как еще печка топилась, можно бы было узнать?

– Гм! Не то что когда печка топилась, а если б, к примеру, позвали меня, когда еще хоть один уголек оставался, так и то сейчас бы все дело было перед нами.

– Поди ж ты!

Насте все делалось хуже. Все она тосковала, и, видя, что все ее стали бояться, сама себя она начала бояться.

– Что вы меня все этими наговорами лечите? – говорила она свекру с свекровьей. – Какой во мне бес? Я просто больна, сердце у меня ноет, сосет меня что-то за сердце, а вы все меня пугаете с дедами да с бабками.

– Это он все в ней хитрует, – говорил солдат. – Видно, ему жутко от меня приходит.

Солдату верили не верили, а деньги платили.

– Вот что, – сказал солдат. – Мне ее здесь у вас неловко лечить, потому что тут он все имеет в печке свое обчество; а отвезите вы ее ко мне.

Отвезли Настю к солдату, и денег дали, и муки, и жмыхи, и масла. Пробыла Настя у своего лекаря два дня, а на третий вечером пришла домой и ни за что не хотела к нему возвращаться. Солдат тоже за ней не гнался, но довольствовался тем, что получил, и, видя свою неустойку, рассказывал, что бес, сидящий в Насте, распалил ее к «ему „страстью“. „Ну я, боже меня сохрани от этих глупостей! Я свой закон содержу; она и ушла“. Настя могла бы рассказать дело и с иной стороны, да поверили ли бы ей? Ей даже не верили, что в ней нет беса, хотя она и богу молилась и людей жалела больше других, не находящих в себе беса. Она уж и не

48

пыталась ничего за себя говорить и жила – сохла без всякой жалобы. Что говорить напрасно! У нас уж всем известно правило, и пословица говорится: „Пил не пил, а коли говорят пьян, – так иди лучше спать ложись". А припадки все не прекращались. Стала Настя такая мудреная, что чуть на нее кто скажет громко, или крикнет изнавести[10], или невзначай чем стукнет, она так вся и задрожит. А если тут на нее глянуть пристально или заговорить с ней о том, что близко ее сердцу, сейчас у нее припадок. Пойдет ее корчить, ломать, и конца нет мукам.

Дошло это до отца Лариона, нашего приходского священника. Он, едучи с требой, завидел Исая Матвеевича и сказал, что над его невесткой можно прочесть чин заклинания.

Пошла Настя с семейными к обедне. Пошли они рано, и прямо завели Настю к отцу Лариону.

– Пусть батюшка над тобой почитает.

– Что почитает? – спросила с изумлением Настя?

– Молитвы.

– Какие молитвы?

– Он уж знает.

– На что надо мной читать?

– О твоем здоровье.

– Что вы только затеваете?

Вошел отец Ларион, облачился, взял себе одну зажженную восковую свечу, а другую дал Насте и, благословив зачало, стал читать по требнику заклинание на злого духа.

В комнате было открыто окно, и из этого окна был виден зеленый сад, где утреннее солнышко, «освещая злыя и добрыя», играло по новым изумрудным листочкам молодого вишенника и старых яблонь. У Насти защемило сердце, и она бросилась к открытому окну. Она хотела только стать у окна, дыхнуть свежим воздухом, посмотреть на вольный мир божий, а четыре сильные руки схватили ее сзади и дернули назад, Настя, болезненно настроенная, испугалась, вскрикнула и отчаянно рванулась. Но Прокудин и Вукол крепко держали ее за локти, и нельзя ей было вырваться. Стала Настя биться у них в руках, побледнела как смерть и кричит:

– Ай! ай! не мучьте меня, пустите, пустите!

– Держи, Гришка! – сказал Прокудин.

Григорий, по отцовскому приказанию, схватил жену под плечи и не давал ей пятиться. Настя вскрикнула еще громче и рванулась так, что трое

---

[10] Изнавести – вдруг, невзначай.

насилу ее удержали, но тотчас же стихла и опустилась на держащие ее руки. Священник накрыл больную епитрахилью и окончил чтение заклинаний.

Настя долго оставалась без чувств, как мертвая.

Через час Настя очнулась, обедня уже кончилась, и ее повели домой. Она была очень слаба, и глаза у нее были нехорошие, мутные. Настя шла грустно, но покойно, да у самого поворота к дому стали у нее над ухом перешептываться бабы: «испорченная, испорченная», она и стала метаться. Прокудин с другим стариком соседом взяли ее опять за руки, пройдя несколько шагов. Настя не сопротивлялась, но стала охать: «ох!» да «ох!» Все от нее сторонятся, смотрят на нее, а она еще пуще, все охает и все раз от разу громче, да вдруг и хлоп с ног долой, да и закричала на всю улицу: «А-ах! а-х! Извести меня хотят! А-ах! Злодеи! Не дамся я вам, не дамся!»

— Ишь, как он в ней раскуражился-то! — говорил народ, когда Настю понесли на руках и положили на зеленой могилке, где она и очнулась.

Вернулись все домой, а Насти не было. Два дня и три ночи она пропадала. Ездили за ней и к кузнецу и к Петровне, но никто ее нигде не видал. На третий день чередников мальчишка, пригнавши вечером овец, сказал: «А Настька-то Прокудинская в ярушках над громовым ключом сидит». Поехали к громовому ключу и взяли Настю. Дома она ни на одно слово не отвечала. Села на лавку и опять охать.

— Ох! куда деться! Куда деваться? Куда деться? Куда деваться?

Повторяет все это и из стороны в сторону качается, будто как за каждым вопросом хочет куда-то метнуться. То в окно глянет, то на людей смотрит, — жалостно так смотрит и все стонет: «Куда деваться? Куда деваться?»

ЧАСТЬ ВТОРАЯ

I

Отличный был домик в О-е у Силы Иваныча Крылушкина. Домик этот был деревянный, в два этажа. С улицы он казался очень маленьким, всего в три окна, а в самом деле в нем было много помещения; но он весь выходил одною стороною в двор, а двумя остальными в старый густой сад.

Домик этот стоял в глухом переулке, у Никитья, за развалинами огромного старинного боярского дома, в остатках которого помещалось духовное училище, называемое почему-то «Мацневским». Это было у самого выезда, по новугорской дороге. Старик Крылушкин давно жил здесь. В молодости он тут вел свою торговлю, а потом, схоронив на тридцатом году своей жизни жену, которую, по людским рассказам, он сам замучил, Крылушкин прекратил все торговые дела, запер дом и лет пять странничал. Он был в Палестине, в Турции, в Соловках, потом жил с каким-то старцем в Грузии и, научившись от него лечению, вернулся в свое запустелое жилище. Приведя домик в возможный порядок, Крылушкин стал принимать больных и скоро сделался у нас очень известным человеком. Он с бедных людей ничего не брал за леченье, да и вообще и с состоятельных-то людей брал столько, чтоб прожить можно больному. Сам Крылушкин жил доходом с своего большого плодовитого сада, который сдавал обыкновенно рублей за двести или за триста в год. Этого было достаточно Крылушкину, до крайности ограничившему свои потребности. Его умеренность и бескорыстие были известны целому городу и целой губернии. О-ие кумушки говорили, что моли Крылушкин или не моли, а ему не отмолить своего греха перед женою, которую он до поры сжил со света своей душой ревнивою да рукой тяжелою; но народушка не обращал внимания на эти толки. Говорили: «Бог знает, что у него там есть на душе: чужая Душа – потемки; а он нам помогает и никем не требует; видим, что он есть человек доброй души, христианской, и почитаем его».

Под старость, до которой Крылушкин дожил в этом же самом домике, леча больных, пересушивая свои травы и читая духовные книги, его совсем забыли попрекать женою, и был для всех он просто: «Сила Иваныч Крылушкин», без всякого прошлого. Все ему кланялись, в лавках ему подавали стул, все верили, что он «святой человек, божий».

За леченье Насти Сила Иваныч взял только по два целковых в месяц, по два пуда муки да по мерке круп. Вылечить он ее не обещался, а сказал: «Пускай поживет у меня, – посмотрим, что бог даст». В это время у него больных немного было: две молодые хорошенькие подгородние бабочки с секундарным сифилисом, господская девушка с социатиной в берцовой кости, ткач с сильнейшею грудною чахоткою, старый солдат, у которого все открывалась рана, полученная на бородинских маневрах, да Настя. В доме был простор, и Сила Иванович мог бы дать Насте совсем отдельное помещение, но он не поместил ее внизу, с больными, а взял к себе наверх. Наверху было всего четыре комнаты и кухня. Две из этих комнат занимал сам Крылушкин, в третьей жила его кухарка Пелагея Дмитревна, а в

51

четвертой стояли сундуки, платье висело и разные домашние вещи. В этой комнате поместил Крылушкин привезенную к нему Настю.

– Вот тебя тут, Настасьюшка, никто не будет беспокоить, – сказал Крылушкин, – хочешь сиди, хочешь спи, хочешь работай или гуляй, – что хочешь, то и делай. А скучно станет, вот с Митревной поболтай, ко мне приди, вот тут же через Митревнину комнату. Не скучай! Чего скучать? Все божья власть, бог дал горе, бог и обрадует. А меня ты не бойся; я такой же человек, как и ты. Ничего я не знаю и ни с кем не знаюсь, а верую, что всякая болезнь от господа посылается на человека и по господней воле проходит.

Пелагея Дмитревна была слуга, достойная своего хозяина. Это было кротчайшее и незлобивейшее существо в мире; она стряпала, убиралась по дому, берегла хозяйские крошки и всем, кому чем могла, служила. Ее все больные очень любили, и она всех любила ровной любовью. Только к Насте она с первого же дня стала обнаруживать исключительную нежность, которая не более как через неделю после Настиного приезда обратилась у старухи в глубокую сердечную привязанность.

Это было в первой половине мая.

Прошло две недели с приезда Насти к Крылушкину. Он ей не давал никакого лекарства, только молока велел пить как можно больше. Настя и пила молоко от крылушкинской коровы, как воду, сплошь все дни, и среды, и пятницы. Грусть на Настю часто находила, но припадков, как она приехала к Крылушкину, ни разу не было.

Прошла еще неделя.

– Ты, Настасьюшка, кажись, у меня иной раз скучаешь? – спросил Крылушкин.

– Да што, Сила Иваныч? – отвечала Настя, сконфузясь и улыбаясь давно сошедшей с ее милого лица улыбкой.

– Это нехорошо, молодка!

– Да неш я себя хвалю за это! Да никак с собой не совладаешь.

– Ты б поработалась.

– Что поработать-то! Я с моей радостью великою.

– Вон Митревне помогала бы чем-нибудь.

– Да я ей бы помогала.

– Да что ж?

– Не пущает: все жалеет меня.

– Митревна! – крикнул Крылушкин. – Ты зачем не пущаешь Настю поработаться?

– О-о! да пускай она погуляет, – отвечала старуха с нежнейшим участием к своей любимице.

52

Крылушкин засмеялся, поправил свои белые волосы и, смеясь же, сказал:

— Что-то ты у меня на старости-то лет не умна уж становишься? Да разве я Настю для своей корысти приневоливаю работать?

— О! да я это знаю, да…

— Да что? Сказать-то и нечего, — поддразнил опять, смеясь, Крылушкин.

— Да пущай погуляет, — досказала старуха.

— Не слушай ее, Настя, господь сам заповедал нам работать и в поте лица есть хлеб наш. У тебя руки, слава богу, здоровы, — что вздумаешь, то и работай.

— Чулки неш вязать?

— На что тебе чулки?

— На базар продать.

— Пусто им будь, этим чулкам! это ледящая работа. Тебе ведь денег не нужно?

— Мне на что же деньги?

— Ну то-то и есть; так и чулки не на что вязать, гнуться на одном месте.

— Да что ж делать-то? — спросила опять Настя и сама опять рассмеялась.

Крылушкин, улыбаясь, вышел в свою комнату и через минуту возвратился оттуда с парою своих старых замшевых перчаток.

— Вот тебе рукавички, — сказал он шутливо, глядя в глаза Насте, — а Митриха даст тебе серп, поди-ка в сад да обожни крапиву около моей малины.

Настя пошла в сад и сжала стрекучую крапиву, и так ей любо было работать. Солнышко теплое парило. Настя устала, повесила кривой серп на яблоньку и выпрямила долго согнутую спину. Краска здоровья и усталости проступила на ее бледных щечках, и была она такою хорошенькою, что глядеть на нее хотелось.

— Что, Сила Иваныч, когда вы мне дадите лекарства-то? — спросила как-то Настя.

— Тебе-то?

— Да.

— Погоди, молодка, погоди.

Так и шло время. Свыклась Настя с Крылушкиным и Митревной и была у них вместо дочери любимой. Все к ней все с смешком да с шуточкой. А когда и затоскует она, так не мешают ей, не лезут, не распытывают, и она, перегрустивши, еще крепче их любила. Казалось Насте, что в рай небесный она попала и что уж другого счастья ей никакого не нужно.

Тихо, мирно жилось в этом доме, никогда здесь не было ни ссоры, ни споров, ни перебранки. Любила Настя такую тихую жизнь и все думала: отчего это все люди не умеют полюбить такой жизни? До такой меры она полюбила Силу Ивановича, что все свое сердце ему открыла, все свои горести и радости ему повычитала. И еще так, что забудет что-нибудь, то вспоминает, вспоминает – и все, все до капельной капельки, до синь-пороха ему рассказала. С той поры ей совсем словно полегчало, и с той поры они со стариком стали такие друзья, что и в свете других таких друзей, кажется не было.

А вышел этот разговор таким манером.

Не скажу наверное, не то был июнь, не то июль месяц, но было это вскоре после того, как семинаристов распускают домой на летние каникулы. Дни стояли жаркие, и только ночами можно было дышать свободно. Сила Иваныч соснул после обеда и вечером пошел прогуляться. Проходя мимо знакомой лавки, он купил себе лимончик да фунт мыла, и опять пошел далее и незаметно дошел до Оки. Ока у нас была запружена глупым образом. Как раз вверху при начале города устроен шлюз, – это последний шлюз на Оке, и называется он «Хвастливым», а город стоит на сухих берегах. Только узенькая полоска воды катится по широкому песчаному руслу. Ее и переходят и переезжают вброд. В редких местах вода хватает выше колен, а то больше совсем мелко. По милости этого устройства шлюзов выше города людям нет водяного приволья. Купаться надо ходить либо на Хвастливую, либо на другую речку, да та хоть и глубока, но смрадная такая и тинистая. Зажиточные люди ездят на лошадях в купальни, а бедному народушку, из которого у нас состоит почти весь город, уж и плохо. По этому случаю у нас в привычку вошло купаться ночью. С вечера, как смеркнется, по мелкой Оке и забелеются человеческие спины. Женщины особыми кучками, а мужчины особыми, – войдут в воду и сейчас садятся и сидят или лежат. Ходить никак нельзя. Только ребятишки одни бегают, кричат и брызжутся, не обращая ни на кого внимания. «Не искупаться ли?» – подумал Крылушкин, дойдя до речки, да тут же снял свой синий сюртук, разобрался совсем да искупался и седую голову мылом вымыл. Только холодно ему показалось, продрог он, скоро вышел и стал одеваться.

Тем временем Пелагея Дмитревна ждала, ждала хозяина, да и уснула, а Настя одна сидела под своим окошечком. Из ее окна был виден не только густой сад Силы Иваныча, но и все огромное пространство, называемое садом, принадлежащим Мацневскому училищу. Сад Мацневского училища был садом тогда, когда в теперешних развалинах мацневского дома не жили филины и не распоряжалось начальство о-ского духовного училища; а с переходом в руки духовного ведомства тут все разрушалось, ветшало и носило на себе следы небрежности и страшного неряшества. В огромном боярском саду оставалась только одна длинная аллея «из старых лип, которая начиналась у ворот, обозначавшихся теперь только двумя каменными столбами, а оканчивалась у старой облупленной каменной стены, отделявшей училищный сад от сада Крылушкина. Остальное все давно высохло, вырублено и сожжено училищным сторожем и смотрительским келейником. Местами, правда, торчали еще несколько яблонь и две старые березы, но они существовали в таком печальном виде, что грустно было смотреть на их обломанные сучья и изуродованные пни. Даже трава не росла в этом саду, потому что земля на всем его пространстве была вытоптана ученическими ногами, как молотильный ток, и не пропускала сквозь себя никакого ростка, а в большие жары давала глубокие трещины, закрывавшиеся опять при сильных дождях. Училищный сад представлял совершенный контраст с густым, зеленым садом Крылушкина. В крылушкинском саду лунный свет едва пробивался сквозь густые листья здоровых деревьев и тонул в буйной траве и в плодовитых кустах малины, крыжовника и смородины. А училищный сад был освещен луною как какое-нибудь плацпарадное место. В саду Крылушкина ночью был какой-то покой жизни, чуткое ухо могло только подслушать, как колеблемые теплым ветерком листки перешептывались с листками, а в густой траве вели свой тихий говор ночные козявочки. В училищном саду все было светло, но печально, как на кладбище. Хрупкие ветви старых деревьев не шевелились от легкого ветерка, и внизу негде было гулять маленьким полуночникам, резвившимся в изумрудной густой траве крылушкинского сада. Только холодные, серые жабки, выйдя на вечерние rendez-vous, тяжело шлепали своими мягкими телами по твердо утоптанной земле и целыми толпами скрывались в черной полосе тени, бросаемой полуразрушенною каменною стеною. Настя смотрела то в тот, то в другой сад, и на нее нашла ее обычная грусть. „Что ж, – думала она, – ну теперь мне хорошо; живу я с добрыми людьми; да ведь не мои же это люди! Не прожить же мне с ними век! С кем же мне жить? Семья!.. Муж!.. С кем же? с кем же?“ Настя вздохнула и опять задумалась. Бог ее знает, что она вспомнила, о чем думала и чего ей хотелось. Она, кажется, и сама не отдала бы себе во всем этом отчета.

– Настасьюшка! – сказал, войдя в комнату, Крылушкин.

– Что вы, Сила Иваныч?

– Вздумал я покупаться, да что-то мне нехорошо, издрог я.

– О-о! на что ж вы купались-то?

– Спит Митревна?

– Спит.

– Услужи-ка ты мне, Настя.

– Что сделать?

— Не в службу, а в дружбу, раздуй, молодка, самоварчик. Польюсь я чайку.

Настя схватила с лежанки чистенький самоварчик, нащепала косарем лучинок, зажгла их и, набросав в самовар, вынесла его на лестницу.

Крылушкин, напившись чайку до третьего пота, согрелся и почувствовал себя необыкновенно хорошо. Он не звал ни Настю, ни Пелагею убирать самовар, не хотел их будить. А самому ему спать не хотелось. Сила Иваныч отодвинул немножко чайный прибор, раскрыл четьи-минеи и начал вслух читать жития святых. Сила Иваныч не был нисколько ханжою и даже относился к религии весьма свободно, но очень любил заниматься чтением книг духовно-исторического содержания и часто певал избранные церковные песни и псалмы. В этом изливалась поэтически восторженная душа старика, много лет живущего, не зная других радостей, кроме тех, которые ощущают люди, делая посильное добро ближнему.

С час почитал Сила Иваныч, потом встал, застегнул пряжки тяжелой книги и, идя к своей спальне, остановился перед окном, открыл его и долго, долго смотрел. Его окно не выходило в сад, но из него было далеко видно новугорское поле, девичий монастырь и пригородные ветряные мельницы. Крылушкин посмотрел на освещенное поле, потом вздохнул и, машинально открыв свои ветхие клавикорды, тронул старыми пальцами дребезжащие клавиши и сильным еще, но тоже немножко уже дребезжащим голосом запел: «Чертог твой вижду, спасе мой! украшенный, и одежды не имам, да вниду в онь». Потом спел: «Святый боже», тройственное «Господи, помилуй» Бортнянского, «Милосердия двери отверзи нам».

В коридорчике что-то зашумело. Настя тихонько вошла и стала, прислонясь к стенке. Старик взглянул на нее и опять продолжал петь. Он пропел: «В бездне греховней валяяся, неисследную милосердия призываю бездну» и «Отрастем поработив души моея достоинства».

Луна ясно освещала комнату, беловолосого старика в ситцевой розовой рубашке, распевавшего вдохновенные песни, и стройную Настю в белой как снег рубашке и тяжелой шерстяной юбке ярко-красного цвета. Старик окончил пение и замолчал, не вставая из-за своего утлого инструмента.

— Как хорошо! — проговорила Настя и подошла к самым клавикордам.

Крылушкин ничего не отвечал Насте и, тронув клавиши, опять запел:

> О человек!
> Вспомни свой век,
> Взгляни ты на гробы,
> Они вечны домы.

56

— Как я люблю, как поют-то, — сказала Настя, когда Крылушкин кончил свою песню. — Я и сама охотница была петь песни, да только мы глупы, неученые, таких-то хороших песен, как вот эти, мы не знаем. Мы все свои поем, простые, мужицкие песни.

— Уж на что же, молодка, лучше нашей простой песни! Ты ее не хай. Наша песня такая сердечная, что и нигде ты другой такой не сыщешь.

— И то правда, — отвечала Настя. — Только вот и это-то так любо сердцу, что вы-то поете.

— Я, дочка моя, старый человек. Моя одна нога здесь, а другая в домовину свесилась. У меня мои песни, а у молодости свои. Ты вот, бог даст, вернешься здоровая, так гляди, какую заведешь песню веселую да голосистую.

— О, уж где мне!

— Погоди-ка, еще я приеду, послушаю.

— Нет, уж я свои песни все спела.

— И мне не споешь?

Настя засмеялась и сказала:

— Шутник вы, Сила Иваныч.

— Что ж, споешь?

— Спою, спою, — отвечала Настя скороговоркой и, вздохнув, проговорила: — Вот кабы вы лет семь назад приезжали, так я бы вам напела песен, а теперь где уж мне петь! В те-то поры я одна была, птичка вольная. Худо ли, хорошо ли, а все одна. И с радости поешь, бывало, и с горя тоже. Уйдешь, затянешь песню, да в ней все свое горе и выплачешь.

— А у тебя много было горя, Настя?

— Да; а то разве без горя нешто проживешь, Сила Иваныч? Всего было на моем веку-то!..

Как пошла тут Настя рассказывать свою жизнь, так всю ее по ниточке перебрала; все рассказала Силе Иванычу до самого того дня, как привезли ее к нему в дом. Старик слушал с большим вниманием и участием.

— Что ж, ты любила, что ль, того Григорья-то садовника? — спросил Крылушкин, когда Настя окончила свой рассказ.

— Н...н...нет, — отвечала, подумав, Настя. — Так только, он был такой ласковый до меня да угодливый.

— Ну, а он тебя любил?

— Бог его знает.

— Может, ты другого кого любила? — спросил опять, помолчав, старик.

— Нет, — отвечала Настя.

— Может, теперь любишь? Настя отрицательно качнула головой и сказала:

— Нет! Мне только все грустно.

57

– Чего же тебе грустно?

– Да так грустно, словно чего-то у меня нет, словно что-то у меня отняли. Грустно, да и только. Вылечите вы меня от этой грусти.

Старик посмотрел на Настю, встал, погладил ее по голове и пошел спать на свою железную кровать, а Настя пошла в свою комнату.

Долго не спала Настя. Все ей было грустно, и старик два раза поднимался на локоть и взглядывал на свои огромные серебряные часы, висевшие над его изголовьем на коричневом бисерном шнурочке с белыми незабудочками. Пришла ему на память и старость, и молодость, и люди добрые, и обычаи строгие, и если бы кто-нибудь заглянул в эту пору в душу Силы Иваныча, то не оказал бы, глядя на него, что все

Стары люди нерассудливы,
Будто сами молоды не бывывали.

II

Возвратился Вукол из О-ла после успеньева дня и привез домой слухи о Насте. Сказывал, что она совсем здорова и работает, что Крылушкин денег за нее больше не взял и провизии не принял, потому, говорит, что она не даром мой хлеб ест, а помогает во всем по двору.

– Коли ж за ней приезжать-то велел? – спросил сурово Прокудин.

– Ничего не оказал. Говорит, нехай поживет.

– Нехай поживет до прядева.

И действительно, к прядеву Настя вернулась домой. На Михайлу-архангела приехала подвода просить Настю и ее братьев, Петрушу и Егорушку, как можно скорее ко двору, что Петровна умирает и желает проститься. Ни о чем Настя не рассуждала и в минуту собралась. О расставанье ее с Крылушкиным и Митр ев но и не буду рассказывать. Довольно того, что у всех глаза были красные. Егорушку тоже хозяин сейчас отпустил, только велел через пять дней непременно быть назад, как будто старуха на срок умирала; а Петрушу ждали, ждали – не приходит. Подъехали к их дому, на большой улице, совсем уж на подводе, а его хозяин не пускает.

– Что ж так? – говорит Настя. – То пускал, а то не пускает вдруг.

– Спешил я, сестрица, – отвечает Петруша, – гладил штаны да подпалил, так вот в наказание, черт этакой, говорит: «Не пущу».

– Дай я попрошу.

— Не проси, сестрица, изобьет.

— Ну, как же?

Настя пошла просить за брата. Ждала, ждала, вышел хозяин в одних панталонах и в туфлях и объявил, что «Петька чиновничьи штаны прожег».

— Накажите его после, — говорила Настя, — а теперь наша мать помирает. Пустите его принять родительское благословение.

— Что? — крикнул портной. — Он штаны испортил, и он не поедет. Марш! — крикнул он на плачущего Петрушку, указывая ему на дверь мастерской, и, прежде чем мальчик успел прогоркнуть в эту дверь, хозяин дал ему горячий подзатыльник и ушел в свои комнаты.

Настю очень огорчила эта сцена. Это был первый ее шаг из дома Крылушкина, где она мирно и спокойно прожила около семи месяцев. Всю дорогу она была встревожена тем, что не привезет умирающей матери любимого ее сына, Петрушу.

Мавра Петровна умерла на другой день по приезде Насти, благословляя Силу Иваныча за дочернино выздоровление.

Осмотревшись после материных похорон, Настя нашла во всем окружающем ее после семимесячного отсутствия много перемен, касавшихся весьма близко ее собственного положения. Муж ее на самую осеннюю казанскую ушел с артелью на Украину плотничать. Костик поссорился с Прокудиным. С самой весны они на след друг друга не находили, и говорили, что Прокудин даже ночами не спал, боясь, чтобы Костик ему не пустил красного петуха под застреху, но Костик унес свою неотомщенную злобу в Киев и там ездил биржевым извозчиком от хозяина. Настину пуньку отдали Домне, к которой муж вернулся, а Насте сгородили новую, просторную пуньку на задворке, где корм складывали, потому что на дворе уж тесно было.

Обрядила Настя свою новую пуньку и стала в ней жить. На второй же день ей рассказала Домна, как Григорий ушел на Украину и за что Костик рассердился с Прокудиным. Григорий пошел потому, что рядчик много заподрядил работы и набирал в артель зря, кого попало, лишь бы топор в руках держал. Гришка стал проситься, отец его и отпустил: «пусть, мол, поучится», и денег за него взял двадцать пять рублей; рядчик спросил только: «Ты плотник?» Григорий отвечал, что нет. «А стучать горазд?» — «Стучать ничего, могим!» — отвечал Григорий. «Ну плотник не плотник, абы стучать охотник», — порешил рядчик и повел Григорья с артелью за тридцать серебра до Петрова дня.

А Костик поссорился с Прокудиным, как стали барыши делить о вешнем Николе. Первое дело, что Прокудин больше как на половину заделил Костика, а кроме того, еще из его доли вывернул двести ассигнациями Насте на справу да сто пятьдесят на свадьбу, «так как ты сам, говорит, это обещал». Костик было туда-сюда, «никогда я, говорит, ничего не обещал». Ну да там толкуй больной с подлекарем. Деньги-то у Прокудина были в руках, он что хотел, то и делал. Костик еще боялся, что капитала не вернет, и как вырвал его, так три дня пил с радости, а через месяц отпросился у барина на оброк и ушел в Киев.

Настя все это выслушала совершенно равнодушно и безучастно.

Зиму целую Настя работала так, что семья ею нахвалиться не могла. Характером она была опять такая жег тихая, кроткая, молчаливая, но теперь она была всегда покойна и никакой тревоги из-за нее не было. На посиделки она ходила всего только три раза. Ребята к ней льнули, как мухи « меду, но она на это и глазом не смотрела и крепко спала на своей постельке в холодной пуньке на задворке. Варька было пришла раз ночью к ней в пуньку с двумя ребятами, и водки и закусок с собой принесли, да Настя наотрез сказала, что не пустит их и чтоб этого в другой раз не было.

— Что ты, дура! неш кто увидит. Вишь, тут на задворке любо, что хочем, то и скомандуем, — говорила Варвара.

— Мало ли чего не увидят, да я не хочу этим заниматься, — отвечала Настя.

— Что ты, благая! Люди от каких мужьев, да и то гуляют; а от твоего-то и бог простит другую любовь принять.

— Ну, добро! Неш такая-то любовь бывает!

— А то ж какая?

— Иди, Варвара.

— Отопрись, глупая!

— Нет, не будет этого. Иди куда хочешь с своими ребятами, только не ходите ко мне, не кладите на меня славы понапрасно. Не ходите, а то в избе спать стану.

Выругала Варвара Настю и ушла, и долго на нее сердилась: все боялась, что Настя семейным своим расскажет. Настя же никому и вида не подала, а только стала ворота задворка запирать ночью на задвижку изнутри.

Не одна Варвара делала Насте этакие претексты, даже и невестка Домна, с своего доброго сердца, говорила ей: «И-и! да гуляй, Настя. Ведь другие ж гуляют. Чего тебе-то порожнем ходить? Неш ты хуже других; аль тебе молодость не надо будет вспомянуть?» Но Настя все оставалась Настею. Все ей было грустно, «и все она не знала, что поделать с своею тоскою. А о „гулянье“ у нее и думки не было.

Опять начал таять снег, и мужики, глядя, как толкутся воробьи, опять говорили, что весна идет. То же самое находили прачки, мывшие белье на учеников О-ского благородного мужского пансиона, и старушка Вольф, исправлявшая должность надзирательницы в старшем классе пансиона

60

благородных девиц. Впрочем, ее замечания не имели прочных оснований, на которых создавались два первые вывода. Старушка Вольф предчувствовала весну, потому что у детей (от шестнадцати до девятнадцатилетнего возраста) перед утром пылали щеки и ротики раскрывались, как у молодых галчаняток, а сквозь открытые зубки бежала тоненькая, девственная слюнка. Говорили, что это «дети кашки просят». Ну да бог с ними, все эти приметы; их не перечтешь. Довольно того, что для определения приближающейся весны есть везде свои приметы и что весна действительно идет за появлением известных примет.

Итак, была весна.

У Прокудиных опять боялись, чтобы на Настю не нашла ее хвороба в то самое время, как в прошлом году, но не было ничего и похожего на прошлогоднее. Прошла святая неделя, началась пашня. Настя была здоровехонька, стригла с бабами овец, мяла пеньку, садила огород и, намаявшись день на воздухе, крепко засыпала покойным, глубоким сном. За всю весну только два раза она чувствовала себя взволнованной и встревоженной. Как раз за тою стеною задворка, к которому была пригорожена Настина пунька, пролегала дорожка, отделявшая задворок от мелкого, но очень густого орехового кустарника. По этой дорожке летом ездили с верхних гостомльоких хуторов в нижние и по ней же водили на Ивановский луг в ночное лошадей. Вверху по Гостомле, или, как у нас говорят, «в головах», пастбища тесные, и их берегут на время заказа лугов, а пока луга не заказаны и опять когда их скосят, из «голов» всегда водят коней на пастбище на самый нижний и самый большой луг, Ивановский. Проводили мужики лошадей, таким образом, мимо самой Настиной пуньки, и все ей было слышно, и как мужики, едучи верхами, разговаривают, и как кони топают своими некованными копытами, и как жеребятки ржут звонкими голосами, догоняя своих матерей. Настя очень любила ночную пору и жадно прислушивалась и к говору проезжавших за ее пунькой ребят, и к конскому топоту, и к жеребячьему тоненькому ржанью. Но всего внимательнее она прислушивалась к песням, которые зачастую певали мужики, едучи в ночное. Настя знала толк в песнях и отличала один голос, который часто пел, проезжая мимо ее задворка. Певец обыкновенно проезжал с своими лошадьми позже всех других и всегда один.

Это Настя могла определить по тому, что звонкая песня не заглушалась ничьим говором, ни многочисленным конским топотом. Видно было, что певец ездит один и ведет не более как трех лошадей.

Отличный был голос у этого певца, и чудесные он знал песни. Некоторые из них Настя сама знала, а других никогда не слыхивала. Но и те песни, которые знала она, казались ей словно новыми. Так внятно и толково выпевал певец слова песни, так глубоко он передавал своим пением ее задушевный смысл.

Первый раз как услыхала Настя этого песельника, он пел, едучи:

Мне не спится, не лежится,
И сон меня не берет;
Пошел бы я до любезной,
Да не знаю, где живет.

Настя давно знала эту песню, но как-то тут, с этого голоса, она ей стала в голове, и долго Настя думала, что ведь вот не спится человеку и другому человеку в другом месте тоже не спится и не лежится. Пойти б тому одному человеку до другого, да... не знает он, где живет этот другой человек, что ждет к себе другого человека.

III

Все стояла весна, все были дни погожие и ночи теплые, роскошные, без луны, с одними звездочками на синем небе. Привыкла Настя к своему песельнику. Всякую ночь, как протопочет мимо ее задворка большой табун, ода и ждет и слушает, не спится ей. А вдали уж слышится звавши, полный голос. Сначала слов не слыхать, и Настя только по мотиву отличает песню, а там и слова заслышатся. Поет песельник песни и веселые, разудалые, поет и грустные, надрывающие душу. То хвалится в своей песне алой лентой и так радостно поет:

То-то лента! то-то лента!
То-то алая моя!
Ала! ала! ала!
Мне голубушка дала.

Словно в самом деле голубушка только что выплела из косы алую ленту да дала ему: «Носи, мол, дружок, люби меня, да мною радуйся».

А в другой раз издали Настя слышит, как поет он:

Уж ты ль, молодость,
Моя молодость!
Красота ль моя

62

Молодецкая!
Ты куда прошла,
Миловалася?
Не видал тебя,
Моя молодость,
За лютой змеей
Подколодною,
За своей женой,
За негодною.

И поет он эту песню как будто не оттого, что ему петь хочется, а оттого, что в самом деле лютая змея подколодная заела его и красу и молодость, и нет ему силы на нее не плакаться.

Никак Настя не могла разобрать: не то этому человеку уж очень тяжело на свете, не то весело, и поет он грустные песни с того только, что петь ловок и любит песни.

Была Настя все та же Евина дочка. Хотелось ей посмотреть песельника. Вышла такая светлая, лунная ночь; Настя лежала на постели, заслышала знакомую голосистую песню, оперлась на локоть и смотрит в щелку, которых много в плетневой стене, потому что суволока[11], которою обставляют пуньки на зиму, была отставлена. Смотрит Настя, а топот и песня все ближе, и вдруг перед самыми ее глазами показался статный русый парень, в белой рубашке с красными ластовицами и в высокой шляпе гречишником. Выехал он против Настиной пуньки и, как нарочно, остановился, обернулся на лошади полуоборотом назад, свистнул и стал звать отставшего жеребенка. «Кось! кось! кось! Беги, дурашка!» – звал парень жеребеночка, оборотясь лицом к Настиной стене. А Настя все смотрела на него в, когда он тронулся с своими лошадьми далее, подумала: «Хороший какой да румяный! Где ему горе знать?»

– Кто это у нас так хорошо песни играет?[12] – говорила как-то Настя Домне.

– Где играет? – спросила Домна.

– Да вот все в ночное ездючи.

– Кто ж его знает! Неш мало их играет? все играют.

– Нет, этот уж ловче всех, голосистый такой.

– Ловче всех, так должно, что Степку Лябихова ты слышала. Он первый песельник по всей Гостомле считается.

---

[11] Суволока – сорная трава.
[12] У нас не говорят «петь песни», а «играть песни». (Прим. автора.)

Ну, Степана и Степана; больше о нем и разговоров не было.

Доминали бабы последнюю пеньку на задворках, и Настя с ними мяла. Где молодые бабы соберутся одни, тут уж и смехи, и шутки, и жированье. Никого не пропустят, не зацепивши да не подсмеявшись.

Показалась телега на гнедой лошади. Мужик шел возле переднего колеса. Видно было, что воз тяжелый.

– Эй, ты! – крикнула Домна на мужика.

– Чего? – отозвался парень.

Настя глянула на парня и узнала в нем Степана Лябихова.

– Откуда едешь? – крикнула другая баба.

– Не видишь, что ли! Муку везу.

– С мельницы?

– Ну а то ж откуда муку возят? А еще баба называешься, да не знаешь откуда муку возят, – отвечал Степан, не останавливая лошади.

– Слушай-ка! – крикнула ему опять Домна;

– Ну, чего там?

– Глянь-ка сюда.

– Да чего?

– Да глянь, небось.

– Ну! – сказал, остановись, Степан.

– Поди, мол, сюда.

Степан забросил веревочные вожжи на телегу и, не спеша подойдя к бабам, опять спросил:

– Чего вы, сороки белохвостые?

– Давно тебя, сокол ясный, не видали, – отвечала молодая солдатка Наталья.

– Соскучились, значит, по мне.

– Иссохли, малый, – смеясь, проговорила та же солдатка.

– И ты иссохла?

– Да как же: ночь не ем, день не сплю, за тобой убиваюсь.

– Ах ты, моя краля милая! – принимая шутку, отвечал Степан и хотел обнять Наталью. А та, трепля горсть обмятой пеньки о стойку, обернулась и трепнула ею по голове Степана. Шляпа с «его слетела, волосы разбрылялиеь, и в них застряли клочки белой кострики. Бабы засмеялись, и Настя с ними не удержалась и засмеялась.

– Э, нет, постой, баба, это не так! – весело проговорил Степан. – Это не мадель. А у нас за это с вашим братом вот как справляются! – Степан охватил солдатку, бросил ее на мягкую кучу свежеобитой костры и, заведя ей руки за спину, поцеловал ее раз двадцать сразу в губы.

– Пусти!., мм-м, пусти, черт! – крикнула солдатка, отрывая свои губы от впившихся в них губ Степана. Но она не вырвалась, пока сам Степан, нацеловавшись досыта, пустил ее и, вставая с колен, сказал:

– Вот важно! Натешил душеньку.

– Экой мерин! – вскликнула, отряхиваясь, раскрасневшаяся солдатка и ударила Степана кулаком в спину.

– Неш так-то гожо делать? – спросила Домна.

– Что?

– Да баб-то женатому целовать.

– А то неш не гожо?

– Да еще при людях! Что проку при людях-то целоваться? – проговорил кто-то из баб.

– Да где ж ты ее без людей поцелуешь? – спросил Степан.

– О, болезный! Не знаешь, смотри, где. Степан засмеялся, обмахнул сбитую с него Натальею шляпу и, тряхнув русыми кудрями, сказал:

– Прощайте, бабочки.

– Прощай, – отвечали несколько женщин, с удовольствием глядя на красивого Степана.

– Неси тебя нелегкая! – проговорила все еще красная от крепких поцелуев Наталья.

– Эй, ты, Степан, бабья сухота! – крикнула Домна.

– Ну вас совсем, некогда! – отвечал Степан.

– Нет, постой-кась! Ты что нашим бабам спать не даешь?

Настя вспыхнула.

– Каким вашим бабам я спать не даю?

– Про то мы знаем, а ты зачем спать-то мешаешь?

– Чем я мешаю?

– Песни свои все горланишь.

– Да, вот дело-то! Степан уехал.

– Экой черт! – сказала вслед ему Наталья, обтирая свои губы.

– Что кабы на этого парня да не его горе, что б из него было! – проговорила Домна.

– А у него какое ж горе? – спросила Настя, которой не нравилась беспардонная веселость Степана.

– О-о! да уж есть ли такой другой горький на свете, как он.

Рассказали тут Насте, как этот Степан в приемышах у гостомльского мужика Лябихова вырос, как его били, колотили, помыкали им в детстве, а потом женили на хозяйской дочери, которая из себя хоть и ничего баба, а нравная такая, что и боже спаси. Слова с мужем в согласие не скажет, да все на него жалуется и чужим и домашним. Срамит его да урекает.

– Он уж, – говорила рассказчица, – один раз было убил ее с сердцов, насилу водой отлили, а другой раз, вот как последний набор был, сам в

65

некруты просился, – не отдали, тесть перепросил, что работника в дворе нет. А теперь, – прибавила баба, – ребят, что ли, он жалеет, тоже двое ребятишек есть, либо уж обтерпелся он, только ничего не слыхать. Работает как вол, никуда не ходит, только свои песни поет. Это-то допрежь, как его жена допекала, так с бабами, бывало, баловался; была у него тож своя полюбовница, а нонче уж и этого не слыхать стало...

– А не слыхать! – подтвердили бабы.

– Где ж его полюбовница? – спросила Настя.

– Вывели их в сибирскую губерню, на вольные степи. Туда и она пошла с своими, с семейными.

– Стало, замужняя была?

– Известно, баба: не девка же.

– Может, вдова.

– Нет, хозяин был, да она своего-то не любила, а Степку смерть как жалела.

– Да что ж жена-то его не любит, что ль? – спросила Настя.

– Не то, девушка, что не любит. Може, и любит, да нравная она такая. Вередует – и не знает, чего вередует. Сызмальства мать-то с отцом как собаки жили, ну и она так норовит. А он парень открытый, душевный, нетерпячий, – вот у них и идет. Она и сама, лютуя, мучится и его совсем и замаяла и от себя отворотила. А чтоб обернуться этак к нему всем сердцем, этого у нее в нраве нет: суровая уж такая, неласковая, неприветливая.

– Вот как ты до своего мужа, – смеясь, сказала солдатка Насте.

– Приравняла! – воскликнула Домна. – Что Гришка, а что Степан. Тому бы на старой бабе впору жениться, а этого-то уж и полюбить, так есть кого.

На вешнего Николу у нас престольный праздник и ярмарка. Весь народ был у церкви, и Настя с бабами туда ходила, и Степан там был. Степан встретился с бабами. Он нес на руках пятилетнего сынишку и свистал ему на глиняной уточке. Поздоровались они и несколькими словами перебросились. Степан был, по обыкновению, весел и шутлив. Настя видела, как он поднес сынишку к телеге, на которой сидела его жена. Насте хотелось рассмотреть Степанову жену, и она незаметно подошла ближе. Бабочка показалась Насте не дурною и даже не злою.

– Что ж ему сделается? – говорил Степан жене, стоя у телеги.

– Не надо, – отвечала жена.

Настя, оборотись спиной, слушала этот разговор.

– Кум просит.

– Пусть просит.

– Дай хоть малого-то, коли сама не пойдешь.

– Не надо.

– Зарядила, не надо да не надо. С чего ж так не надо?

– Нечего туда малого таскать.

– Кум нам завсегда приятель.

– Тебе пьянствовать он приятель.

– Коли ж я пьянствовал? Пусти со мной малого.

– Сказала, не пущу!

– Да пусти, кум обижаться будет!

– Наплевать мне на твоего кума вместе и с тобою-то.

Степан плюнул, оказал: «Экая язва сибирская!» и пошел один к куму.

Перед вечером он шел, сильно шатаясь. Видно, что ему было жарко, потому что он снял свиту и, перевязав ее красным кушаком, нес за спиною. Он был очень пьян и не заметил трех баб, которые стояли под ракитою на плотине. По обыкновению своему, Степан пел, но теперь он пел дурно и беспрестанно икал.

– Т-с! что он играет? – сказала Домна. Ровняясь с бабами, Степан пел:

> Она, шельма, промолчала:
> Ни ответу, ни привету, —
> Будто шельмы дома нету.
> Хотя ж хоть и дома,
> Лежит, что корова,
> Оттопырит свои губы,
> Поцелует, как не люди…

– Кто тебя так целует? – крикнула, смеясь, Домна.

– А! – отозвался Степан, водя покрасневшими глазами.

– На кого плачешься? – повторила баба.

– Я-то?

– Да. А то кто ж?

– Неш я плачу!

– Вино в тебе плачет.

– Ну вас к лешему! – отвечал Степан и, качаясь, зашагал далее и другим голосом на тот же напев продолжал прерванную песню:

> Уж я выйду на крылечко,
> Уж я звякну во колечко;
> Старушка, свет,
> Выйди на совет!

– Часто он так-то бывает? – опросила Настя.

– Где там! Это дива просто, что с ним. Попритчилось ему, что ли, что он набрался.

Перед Петровым днем пришли из Украины ребята, а Гришка не пришел. На год еще там остался.

Ночью под самый Петров день у нас есть обычай не спать. Солнце караулят. С самого вечера собираются бабы, ходят около деревень и поют песни. Мужики молодые тоже около баб.

Пошли бабы около задворков и как раз встретили Степана, ехавшего в ночное. «Иди с нами песни играть», – кричат ему. Он было отказываться тем, что лошадей некому свести, но нашли паренька молодого и послали с ним Степановых лошадей в свой табун. Мужики тоже рады были Степану, потому что где Степан, там и забавы, там и песни любимые будут. Степан остался, но он нынче был как-то невесел.

Стали водить хороводы с разными фигурками.

– Сыграй, Степан, про загадки, – приставали бабы.

– Сыграй, Степка, – говорили ребята.

– Нету охоты, ребята.

– Сыграй, сыграй, – говорили все, образуя просторный кружок, в средине которого очутился Степан.

– И кружок готов! – сказал он, смеясь.

– Теперь играй.

– С кем же играть-то?

– Ну, бабы! Что ж вы стали? Давайте из себя бабу Степке.

Бабы пошли перекоряться: «да я не знаю», «да я не умею», «да иди ты», «пусть идет Аришка»; а Аришка говорит: «Вон Машка умеет».

– Что ж, стало, бабы нет на Гостомле! Бона до чего ложились! – крикнул, развеселясь понемножку, Степан.

– Стой! Давай палку, – крикнул кто-то.

Явилась палка.

– Хватайся, бабы: чья рука верхняя, той играть с Степкой песню.

– Так нельзя, – отвечали бабы.

– С чего нельзя?

– А как неумелой придется?

– Исправди так.

– Ну, сколько умелых?

– Вон Аленка умеет?

– Ну!

– Наташка-солдатка, Анютка-глазастая, Грушка Полубеньева.

– Выходи, бабы, выходи! – командовали ребята.

– Ну кто еще? Бабы молчали.

– Высказывай друг на дружку, по-дворянски: кто еще?

— Настька Прокудина! — крякнул кто-то.

— И то! Настька! Настька! выходи. Ты ведь песельница была.

Настя хотела отговориться или спрятаться, но бабы ее выпихнули в кружок, где стоял певец и кандидатки на занятие женской партии в загадках.

— Вот теперь судьба как велит. Нынче ночь-то ведь петровская, все неспроста делается. Хватайся, бабы!

Бабы стали хвататься руками за палку. Верхняя рука вышла Настина.

— Настьке играть, — крикнули все. Бабы, хватавшиеся за палку, отошли в пестрый кружок, а Настя осталась в середине перед Степаном.

— Заводи, Степка.

Степан откашлянулся и чистым высоким тенором завел требуемую песню.

— Экой голосистый! — шептали бабы, — не взять Настьке под него.

Куплет кончился, нужно было петь Насте. Все хранили мертвое молчание и ждали, как взведет Настя против Степанова голоса.

Настя давно не певала и сама уж отвыкла от своего голоса, но деться было некуда, нужно было петь. Она тоже откашлянулась и взяла выше последней ноты Степана.

— Важно! Вот так песельница! Вот так пара! — кричали ребята.

Степан был рад, что есть ему с кем показать свою артистическую удаль, и еще смелее запел:

> Напой мово коня
> Среди синя моря,
> Чтобы ворон конь напился,
> Бран ковер не замочился
> И не мокор был, — сухой.

Высокою, замирающею трелью он вывел последние слова. А Настя с этой ноты свободно продолжала:

> Сострой, милый, терем
> Из маковых зерен,
> Были б двери, каравати,
> Можно б там приятно спати
> С тобой, милый мой!

— Важно! На отличку! Спасибо, спасибо, молодайка! — кричали ребята. А Настя вся закраснелась и ушла в толпу. Она никогда не думала о словах этой народной оперетки, а теперь, пропевши их Степану, она ими была недовольна. Ну да ведь довольна не довольна, а из песни слова не выкинешь. Заведешь начало, так споешь уж все, что стоит и в начале, и в конце, и в середине. До всего дойдет.

IV

Рожь поспела, и началось жниво. Рожь была неровная: которую жали, а которая шла под косу. Прокудины жали свою, а Степан косил свою. Не потому он косил, чтобы его рожь была хуже прокудинской: рожь была такая же, потому что и обработка была одинакая, да и загоны их были в одном клину; но Степан один был в дворе. Ему и скосить-то впору было поспеть за людьми, а уж о жнитве и думать нечего.

На Степане на одном весь дом лежал. Он и в поле работал, как прочие, и в дворе управлялся. Всюду нужно было поспеть; переменить его было некому. Все прочие наработаются да тут же под крестцами в поле и опять ложатся, чтоб не томиться ходьбой ко дворам. Только разве баба очередная в семье пойдет вечером домой, на завтра обед готовить. А Степан через день, а через два уж непременно, должен был ходить на ночь домой, чтоб утром там поделать все, что по домашнему быту требуется и чего бабы не осилеют. А утром опять с людьми зауряд косою махал, пока плечи разломит. Жаркий день был.

> Высоко стоит солнце на небе.
> Горячо печет землю-матушку, —
> Мочи нет жать колосистой ржи[13].

Жницы обливались потом и, распрямляясь по временам, держались руками за наболевшие от долгого гнутья поясницы. Настя гнала свою пбстать и ставила сноп за снопом. Рожь на ее постати лощинкою вышла густая, а серп притулился. Перед сумерками, как уж солнцу садиться, Настя стала, повесила серп на руку, задумалась и глядит вдаль; а через два загона Степан оперся о косье и смотрит на Настю. Заметила Настя, что Степан на нее смотрит, покраснела и, присев в рожь, начала спешно жать.

На другой день Настя раз пять замечала, что, как она ни встанет отдохнуть, все Степан на нее смотрит. Ей показалось, что он стережет ее

---

[13] Высоко стоит солнце на небе» и т. д. – цитата из стихотворения Кольцова «Молодая жница» (у Кольцова – «Нет охоты жать»).

нарочно. Вечером Степан пришел на Прокудинский загон попросить кваску напиться и побалакать. Но в страду и бабы не разговорчивы: плечи у них болят, поясницы ломит, а тут жар пеклый, духота несусветная, – «е до веселостей уж.

– Отбей завтра, Настя, свежего кваску-то, – говорила Домна.

– Хорошо.

– Да, а то уж Москву увидишь с вашего квасу, – заметил Степан.

– Вот невестка завтра нового сделает – приходи пить.

– Беспременно приду. Приходить, молодайка?

– Да мне что ж? Коли хочешь, приходи.

– Да ты небось квасу-то не горазда делать.

– Как умею.

– Шла бы ты, Домна, сделала.

– Завтра ее день стряпаться.

– Да, да, да! Стало, ее черед.

– А то как же?

– Часто вам доводится?

– Да на трений день все. Трое ведь нас, опричь свекрухи.

Степан простился и ушел на свой загон. Он прокосил еще два раза, закинул на плечо косу и пошел по дороге домой.

– Что рано шабашишь? – крикнул Степану косивший сосед.

– Коса затупилась, отбить надо дома, – отвечал Степан и скрылся за пригорком.

Дожали прокудинокие бабы, поужинали и стали ложиться спать под крестцами, а Настя пошла домой, чтобы готовить завтра обед. Ночь была темная, звездная, но безлунная. Такие ночи особенно хороши в нашей местности, и народ любит их больше светлых, лунных ночей. Настя шла тихая и спокойная. Она перешла живой мостик в ярочке и пошла рубежом по яровому клину. Из овсов кто-то поднялся. Настя испугалась и стала.

– Ты, знать, испугалась, Настасья Борисовна? – сказал поднявшийся. Настя узнала по голосу Степана.

– Я отдохнул тут маленько, – продолжал он и, вскинув на плечо свою косу, пошел рядом с Настею.

Насте показалось, что Степан нарочно поджидал ее. Ей было как-то неловко.

– Чего ты всегда такая суровая, Настасья Борисовна? Давно я хотел тебя об этом спросить, – проговорил Степан, глядя в лицо Насте.

– Такая родилась, – отвечала Настя.

– Нет, не такая ты родилась.

– А ты почему знаешь? – проговорила Настя после долгой паузы.

– Нет, знаю. Я про тебя все разузнал.

– На что ж тебе было разузнавать про меня?

– Да так.

– Делать тебе, видно, нечего.

– Угадала!

– Да право.

– Нет, так… Погуторить мне с тобой хотелось.

– Не о чем тебе со мной гуторить, – отвечала Настя, потупив голову и прибавля шагу.

Ей все становилось неловче; Степан ей казался страшным, и она от него бежала.

– Что ты бежишь? – спросил Степан.

– Ко двору спешу.

– Чего опешить, ночь еще велика.

Настя промолчала.

– Посидим, – оказал Степан. Настя не отвечала.

– Посидим, – повторил Степан и взял Настю за руку. Настя оттолкнула нетерпеливо его руку и гневно оказала:

– Это что затеял!

– Бог с тобой! Чего ты! Неш я худое думал? Я только так, побалакать с тобой, – отвечал Степан, нимало не сконфузясь. – Я вот что, Настасья…

Настя шла молча.

– Слышь, что ль? Я… по тебе просто умираю. Настя не поднимала глаз и все шла.

– Скажи словцо-то! – приставал Степан.

– Что тебе сказать?

– Полюби меня.

– Поди ты с любовью!

– Ведь мы с тобой оба горькие.

– Так что ж.

– То-ись, господи, как бы я тебя уважал-то! Настя не отвечала.

– Так ведь жизнь-то наша пропадает, – продолжал Степан.

– Мало, видно, тебе еще твоего горя-то, любви захотел.

– Да неш любовь-то горе?

– А то радость небось из нее будет?

– Да хоть бы пропасть за тебя, так бога б благодарил.

Настя опять не отвечала.

– Горький я, – произнес Степан.

– Полно плакаться, у тебя неш мало.

– Да что они мне? тьфу! Больше ничего. Меня твоя душа кроткая да доля кручинная совсем с ума свели. Рученьки мои опускаются, как о тебе згадаю.

– Что болтать! Когда ты меня зазнал-то? Когда полюбить-то было?

– Тянет меня к тебе, вот словно сила какая, на свет бы не глядел; помер бы здали тебя.

– Прощай! – сказала Настя, повернув к своему задворку.

– Касатка моя! голубочка! постой на минутку.

– Прощай, не надо, – повторила Настя и ушла в двор.

Всю ночь снился Насте красивый Степан, и тоска на нее неведомая нападала. Не прежняя ее тоска, а другая, совсем новая, в которой было и грустно, и радостно, и жутко, и сладко.

Прошло три дня; Настя не видала Степана и была этому словно рада. Он косил где-то на дальнем загоне. Настя пошла вечером опять стряпаться, а Степан опять сидел на рубеже. Хотела Настя, завидя его, свернуть, да некуда. А он ей уж навстречу идет.

– Здравствуй! – говорит.

– Здравствуй! – отвечает Настя, а сама загорелась.

– Я ждал тебя, – говорил Степан.

– Зачем ждал?

– Помолиться тебе за мою любовь за горькую.

– Ничего из этого не будет, – отвечала Настя.

– Да за что ж так! Аль ты мне не веришь?

– У тебя есть жена, ребята. Их смотри лучше.

– Я все равно пропаду без тебя.

– Я этому не причинна.

– Противен я тебе, что ли? так ты так и скажи.

Настя промолчала.

– Дай хоть рученьку подержать.

Настя ничего не отвечала и не отняла руки, за которую ее взял Степан. Так они дошли до Настиного задворка.

– Скажи: будешь ты меня любить? – спросил Степан.

– Прощай, – отвечала Настя и скользнула в ворота.

Ей было жаль Степана. Его она подвела под свою теорию, что всем бы людям было счастье любовное, если б люди тому не мешали. Настя чуяла, что она любит Степана и что ей его любить не следует.

Отстряпалась Настя; старик запряг ей телегу, и она повезла сама в поле пищу.

– Нехай лошадь там останется до вечера, – сказал свекор. – Мне не по себе, пусть кто из ребят вечером приведет али Домка приедет.

Повезла Настя обед. Под ярочком, слышит она, дитя плачет. Смотрит, бабочка идет в одной рубахе, два кувшина тащит со щами да с квасом, на другой руке у нее ребенок сидит, а другое дитя бежит издали, отстало и плачет.

– Мама! мама! ножки устали, ой, мама! – кричит ребенок, а мать идет, будто не слыша его плача. Не то это с сердцов, не то с усталости, а может, с того и с другого.

Нагнала Настя мальчика, остановила лошадь – и посадила ребенка в телегу. Дитя ей показалось будто знакомым. Мать, услышав, что ребенок перестал плакать, оглянулась. Настя узнала в ней Степанову жену.

– Уморилась ты, бабочка? – сказала Настя Степановой жене.

– Смерть устала, – отвечала та.

– Садись, я тебя довезу.

Баба поблагодарила, отдала Насте грудного ребенка, поставила кувшины и села.

– Что ты малого-то заморила? – спросила Настя, гладя по голове мальчика, который жевал данную ему Настей пышку.

– А пусто ему будь! Измучил он меня. Тут тяжела, а он орет. Чего увязался? – крикнула она на мальчика.

Мальчик ничего не отвечал и, дернув носом, опять укусил конец пышки.

– Любит, знать, тебя, – заметила Настя.

– Как же! Баловаться ему хочется: «К бате пойду!» – передразнила она ребенка. – Далеко ушел?

– Видно, отца любит?

– Да как же! Все баловство одно.

Настя рассматривала Степанову жену. Теперь она показалась ей совсем хорошенькой, но в глазах у нее она заметила какое-то злое выражение.

У Прокудинского загона Степанова жена сошла и понесла свои кувшины; а за нею по колкому жнивью, подхватывая ножонки, побежал мальчик, догладывая свою пышку.

Весь этот день Настя жала не разгинаясь и все думала о себе, о Степане, о его жене, о своем муже, о Степановых детях, о людях, наконец опять о себе и о Степане. Выходило, по Настиному, что Степан этот – жалкий человек, и жена его – тоже жалкий человек, и сама она, Настя, – жалкий человек; а любить ей Степана не приходится. Да и не то что Степана, – я и никого уж, – решила она, не приходится. «Другие так правда, дарма что замужние, да любят, ну а мне, – думала Настя, – как?.. Каков он ни есть свой закон, надо его соблюдать. А жизнь-то, жизнь! так она и канула и гинула. Хоть бы лихой был у меня муж, хоть бы тиранил меня, мучил бы, да только б человек он был, как люди. Хоть бы намучил, да было б мне с ним хоть узнать, уведать, что такая есть за любовь на свете! А то, что я такое? Ни девушка, ни вдова, ни замужняя жена…»

Настя заплакала и, смаргивая слезы, жала с каким-то азартом, чтобы не видали ее заплаканных глаз.

Как свечерело, Домна уехала; наработавшаяся девка-батрачка упала под крестец и заснула мертвым сном. В поле стало тихо. Спал народушко, и ни голоса нигде не было слышно человеческого. Грусть, тоска одолела Настю. Не спалось ей: то ей казалось, что около нее что-то ползает, то ноги у нее немели, то по телу ходили мурашки, и становилось страшно. Настя встала, прошлась по загону, облокотилась на один крестец и стала смотреть на луг, по которому бежит Гостомля. «Ведь вот поди ж, „акая я зародилась! – думала Настя. – Теперь небось на всем клину души живой нет, все спит, а я... и устали на меня нет". Насте припомнился Крылушкин, как он ее утешал, как ее Пелагея жалела. Из-за горы показался красный, кровяной месяц. Настя вспомнила, как хорошо пел Крылушкин, как он хвалил простые песни и хотел приехать, чтоб она ему песню спела. „У Степана славные песни", – оказала она и, летая от думы к думе, незаметно как завела:

> Ах ты, горе великое,
> Тоска-печаль несносная!
> Куда бежать, тоску девать?
> В леса бежать – листья шумят,
> Листья шумят, часты кусты,
> Часты кусты ракитовы.
> Пойду с горя в чисто поле,
> В чистом поле трава растет.
> Цветы цветут лазоревы.
> Сорву цветок, совью венок,
> Совью венок милу дружку,
> Милу дружку на головушку:
> «Носи венок – не скидывай,
> Терпи горе – не сказывай».

Не заметила Настя, как завела песню и как ее кончила. Но только что умолк ее голос, на лугу с самого берега Гостомли заслышалась другая песня. Настя сначала думала, что ей это показалось, но она узнала знакомый голос и, обернувшись ухом к лугу, слушала. А Степан пел:

> Как изгаснет зорька ясная,
> Как задремлет свекровь лютая,
> А моя жена сварливая, —
> Выходи, моя лебедушка,
> Во зеленую дубровушку,
> Во густой куст во калиновой.

Соловьем я свистну, молодец,
На мой посвист ты откликнешься
Перепелочкою-пташечкой,
Свое горе позабудем мы,
Простим грусть-тоску сердечную.
Выходи, моя зазнобушка,
На совет, любовь, на радощи, —
На зеленую кроватушку.
Приголубь меня, касаточка!
Расчеши мне кудри русые;
Посмотреть дай в очи черные,
Целовать дай плечи белые.

«Господи! чтой-то он меня словно манит своей песнею», – подумала Настя, сбросила с крестца два верхние снопа и, свернувшись на них, уснула.

V

Был Настин черед стряпаться, но она ходила домой нижней дорогой, а не рубежом. На другое утро ребята, ведя раненько коней из ночного, видели, что Степан шел с рубежа домой, и спросили его: «Что, дядя Степан, рано поднялся?» Но Степан им ничего не отвечал и шибко шел своей дорогой. Рубашка на «ем была мокра от росы, а свита была связана кушаком. Он забыл ее развязать, дрожа целую ночь в ожидании Насти.

В этот же день, в полудни, Степан приходил на Прокудинский загон попросить водицы. Напился, взглянул на Настю и пошел.

– Иль Степанушка невесел! Что головушку повесил? – сказала ему Домна. – Аль жена вчера избранила?

– Да, – отвечал нехотя Степан и совсем ушел.

Жнитва оставалось только всего на два дни. Насте опять нужно было идти стряпать. Свечерело. Настя дошла до ярочка и задумалась: идти ли ей рубежом или нижней дорогой. Ей послышалось, что сзади кто-то идет. Она оглянулась, за нею шел Степан.

– Я тебя выжидал, – сказал он, весь встревоженный.

Настя растерялась. Какую дорогу ни выбирать, было все равно.

– Слушай, Степан!

– Говори.

– Я ведь тебе лиха никакого не сделала?

– Иссушила ты меня. Вот что ты мне сделала. Разума я по тебе решился.

– Нет, ты вот что скажи: ты за что хочешь быть моим ворогом?

– Убей меня бог на сем месте! – крестясь, проговорил Степан.

– Ты ведь знаешь мою жизнь. И без того она немила мне: на свет бы я не смотрела, а ты еще меня ославить хочешь.

– Кто тебя хочет ославить? – сумрачно ответил Степан.

– Чего ты за мной гоняешься? Чего не даешь мне проходу?

– Люблю тебя.

– Ах ты господи! – воскликнула Настя, всплеснув руками, и пошла рубежом.

Степан пошел за нею.

– Отойди, Степан! – сказала Настя, сделав несколько шагов, и остановилась. Степан стоял молча.

– Отойди, прошу тебя в честь! – повторила Настя.

– Не гони. Мне только и радости, что посмотреть на тебя.

– Ну ведь ты ж видел меня нынче.

– При людях. Я хочу без людей тебя видеть.

– Мать царица небесная! Вот напасть-то на мою головушку бедную, – проговорила Настя, вздохнув, и, пожав плечами, пошла опять своей дорогой.

А Степан идет за нею молчаливый и убитый.

Настя прошла шагов сотню и опять остановилась и засмеялась.

– Не смейся! – сказал Степан.

– Да какой смех! Горе мое над тобою смеется. Чего ты, как тень сухая, за мной тащишься?

– Жить я без тебя не могу.

– Ведь жил же до сих пор.

– А теперь не могу. Я убью тебя, – сказал Степан, бросив на землю косу с крюком и свиту.

– Да убей. Хоть сейчас убей. Мне что моя жизнь! Только ты ж за меня пострадаешь.

– Я и себя убью, – мрачно проговорил Степан.

– А дети?

– Все равно я и так-то им не отец. Жизнь моя вся в тебе. Я порешил, что я с собою сделаю.

– Что?

– Удавлюсь, вот что!

– О, дурак, дурак! – сказала Настя, покачав головою, с ласковым укором.

– Сядь, – произнес Степан.

– Все равно и так.

– Сядь. Неш от этого что сделается? – умолял Степан с сильным дрожанием в голосе.

Насте стало жаль Степана. Она села на заросший буйной травой рубеж, а Степан сел подле нее и, уставив в колени локти, подпер голову руками. Они долго молчали. Степан заплакал.

– Перестань, – сказала Настя и взяла его за руку.

– Что мне жить без тебя, – проговорил Степан сквозь слезы.

– Перестань плакать! – повторила Настя. – Ты мужик, слезы – бабье дело; тебе стыдно.

– Э! толкуй! – отвечал с нетерпением Степан.

– Все, может, пройдет.

– Как же оно пройдет? Хорошо тебе, не любя, учить, а кабы ты в мое сердце заглянула. Настя вздохнула.

– Ты вот что, Степан! Ты не попрекай меня этим, сердцем-то. Сердце ничье не видно... Что ты все о себе говоришь, а я молчу, ты с этого и берешь?

Степан поднял голову и стал слушать.

– Глупый ты, – продолжала Настя. – Я не из тех, не из храбрых, не из бойких. Хочешь знать, я греха таить не стану. Я сама тебя люблю; может, еще больше твоего. Степан обнял Настю: она его не отталкивала.

– Да что из ней, из любви-то нашей, выйдет?

– Горе! Поверь, горе.

– Пускай и горе.

Настя положила свою руку на плечо Степана и, шевеля его русыми кудрями, сказала:

– Нет, ты слушай. Мне горе все равно. Я горя не боюсь. А ты теперь хоть кой-как да живешь. Ты мужик, твоя доля все легче моей. А как мы с тобой свяжемся, тогда-то что будет?

– Что ты захочешь.

– Право, ты глупый! Что ж тут хотеть-то? Не захочу ж я разлучить жену с мужем или отца с детьми. Чего захотеть-то?

Степан молчал.

– А в полюбовницы, как иные прочие, я, Степан, не пойду. У меня коли любовь, так на всю мою жисть одна любовь будет.

– Я тебе отцом, матерью в гробу клянусь.

– О-о, дурак! Не тронь их.

– Как ты захочешь, так все и будет. Горя я с тобой никакого не побоюсь. Хочешь уйдем, хочешь тут будем жить. Мне все равно, все; лишь бы ты меня любила.

– Чтоб не жалеть, Степан…

– Неш ты станешь жалеть.

– Я тебе сказала, и что сказала, того не ворочаю назад.

– А мне хоть умереть возле тебя, так ту ж пору рад.

Степан потянул к себе Настю. Настя вздрогнула под горячим поцелуем. Она хотела еще что-то говорить, но ее одолела слабость. Лихорадка какая-то, и истома в теле, и звон в ушах. Хотела она проговорить хоть только: «Не целуй меня так крепко; дай отдохнуть!», хотела сказать: «Пусти хоть на минуточку!..», а ничего не сказала…

– Пора ко дворам, Настя, – сказал Степан, увидя забелевшуюся на небе полоску зари.

Настя лежала в траве, закрыв лицо рукавом, и ничего не отвечала. Степан повторил свои слова. Настя вздрогнула, поспешно поднялась и стала, отвернувшись от Степана.

– Пойдем, – сказал Степан, – а то ребята из ночного поедут, увидят нас.

– Ах, Степа! Что только мы наделали? – обернувшись к нему, проговорила Настя. Лицо ее выражало ужас, любовь и страдание.

– Ничего, – отвечал совершенно счастливый Степан.

– Да, как же, ничего! – проговорила с нежным упреком Настя, и на устах ее мелькнула улыбка, а на лице выступила краска стыда.

Они шли молча до самого Прокудинского задворка.

– Степан! – крикнула Настя, когда они уже простились и Степан, оставив ее, шибко пошел к своему двору.

Степан оглянулся. Настя стояла на том же месте, на котором он ее оставил.

– Поди-ка сюда! – поманула его Настя. Он подошел.

– Желанный ты мой! – проговорила Настасья, поглядев ему в глаза, обняла его за шею, крепко поцеловала и побежала к своим воротам.

Обед у Прокудиных в этот день был прескверный. Настя щи пересолила так, что их в рот нельзя было взять, а кашу засыпала такую густую, что она ушла из горшка в печке. Свекровь не столько жалела крупы или того, что жницы будут без каши, сколько злилась за допущение Настею злого предзнаменования: «Каша ушла из горшка, это хуже всего, – говорила она. – Это уж непременно кто-нибудь уйдет из дому». Бабы попробовали щей и выплюнули. «Чтой-то ты, Настасья, словно с кем полюбилась!» – сказали они, смеясь над стряпухой. У нас есть поверье, что влюбленная женщина всегда пересолит кушанье, которое готовит.

Степан перед полдниками пришел на Прокудинский загон попросить квасу. Настя, увидя его, вспыхнула и резала такие жмени ржи, что два раза чуть не переломила серп. А Степан никак не мог найти кувшина с квасом под тем крестцом, на который ему указали бабы.

– Да что тебе, высветило, что ли? – смеясь, спрашивала Домна.

– Что высветило! Нет тут квасу, – отвечал Степан, сунувший кувшин между снопами.

Домна подошла и, удостоверившись, что кувшина действительно нет, крикнула:

– Настасья, где квас?

– Да там смотрите, – отвечала, не оборачиваясь, Настя.

– Поди сама отыщи. Нет его здесь, – проговорила Домна и стала на свою постать.

Насте нечего было делать. Она положила серп и пошла к крестцу, у которого стоял Степан.

– Ночуй нонче вон под тем крайним крестцом, – тихо проговорил Степан, когда к нему подошла раскрасневшаяся Настя.

– Где квас дел? – спросила Настя.

– Ты слышишь, что я тебя прошу-то?

– Люди смотрят.

– Да говори, что ль?

– Пей да уходи скорей.

– Будешь там?

Степан достал кувшин и стал из него пить, а Настя пошла к постати.

– Настя? – вопросительно кликнул вслед Степан.

– Ну, – отвечала, оборотясь к нему, Настя, с улыбкой, в которой выражалось: «Нечего допытываться, – разумеется, буду».

Степан нашел Настю и, уходя от нее утром, знал, как нужно браться за ворота Прокудинского задворка, чтобы они отворялись без скрипа.

VI

Кончились полевые работы, наступала осень с дождями, грязью, холодными ветрами и утренними заморозками. Народ работал возле домов: молотили, крыли крыши, чинили плетни. Ребята, способные владеть топором, собирались на Украину. Домнин муж тоже собирался. Прокудин отпускал старшего сына с тем, чтобы он непременно выслал вместо себя на весну домой Гришку. Бабы по утрам молотили с мужиками, а потом пряли. Степан редкую ночь не проводил на Прокудинском задворке; его и собаки Прокудинские знали; но в семье никто не замечал его связи с Настею. Как-то филиповками, утром, зашла к Насте в пуньку Варвара попросить гребня намычки чесать, поговорила и ушла. Вечером в этот день Настя сидела со всеми и пряла. Был общий разговор, в котором Настя, по своему обыкновению, принимала самое незначительное участие. Но вдруг, ни с того ни с сего, она охнула, уронила нитку и, сложив на груди руки, прислонилась к стенке. Взглянули на нее, а она – красная, как сукно алое, и смотрит быстро, словно как испугалась, и весело ей.

– Что тебе? – спрашивают ее.

– Ничего, – говорит.

– Как ничего! Чего ты вскрикнула?

– Так что-то, – говорит, а сама улыбается.

Встала Настя, напилась водицы и опять села за пряжу.

Никто на это более не обращал внимания.

– Ох, Степа, – говорила ночью Настя, гладя русые кудри своего любовника. – Не знаешь ты ничего.

– А что знать-то, касатка?

– Дела большие на нас заходят.

– Аль горе какое?

– Горе не горе, а…

– Да говори толком.

Настя помолчала и, прижавшись к Степану, тихо проговорила:

– Я ведь тяжела.

– Что врешь! – воскликнул встревоженный Степан. Настя взяла его руку и приложила ладонь к своему боку.

– Что ты? – спросил Степан.

– Погоди! – ответила Настя, не отпуская руки. Ребенок скоро трепыхнулся в матери.

– Слышишь? слышишь? – спросила Настя.

– Слышу, – отвечал Степан. Они стали думать, что им делать.

– Теперь думай со мной, что знаешь, – говорила она. – Я скорей в воду брошусь, а уж с мужем теперь жить не стану.

Но в воду было незачем бросаться, потому что Степан ее любил, расставаться с ней не думал и только говорил:

– Дай сроку неделю: подумаю, посоветуюсь с кумом.

– Не надо говорить куму.

– Отчего?

– Да так.

81

– Он мой приятель.

Неделя была на исходе. От рядчика пришло к жене письмо, к которому было приложено письмо от Домниного мужа. Писал Домнин муж отцу, что Гришка живет в Харькове у дворничихи, вдовы, замест хозяина; что вдова эта хоть и немолодая, но баба в силах; дело у них не без греха, и Гришка домой идти не хочет. Настю это письмо обрадовало. Она не любила своего придурковатого мужа, но жалела его, и ей было приятно узнать, что и на его долю в свете что-то посеяно и что ему хорошо. Не так это дело принял Прокудин. Он пошел в управу и продиктовал писарю такое письмо:

«Любезному нашему сыну Григорию Исаичу кланяемся, я и мать и семейные наши и хозяйка. И посылаем мы присем с матерью его наше родительское благословение, на веки нерушимое. А дошло до нас по слуху, что живешь ты, Григорий, у какой там ни есть дворничихи в Харькиве в полюбовниках, забывши свой привечный закон и лерегию, как хозяйскому сыну и женину мужу делать грех и от людей и от господа царя небесного. Мы тебя на такое дело не учили и теперь на него благословения не даем. А есть тебе наше родительское приказание сичас же, нимало не медлимши, идти ко двору и быть к нам к розгвинам, а непозднейча как к красной горке. Нам некому пар подымать и прочих делов делать, так как брат твой в работе, с топором ушол. Если ж как ты нашей воли от разу не послушаешь, то и на глаза ты мне не показывайся. А дам я знать исправнику и по начальству, и пригонят тебя ко мне по пересылке, перебримши голову. Насчет же теперь пачпорта и не думай и не гадай, а будь ко двору честью, коли не хочешь, чтоб привели неволею».

Затем следовали поклоны и благословения.

В письмо вложили гривенник, чтоб оно не пропало, и страховым отправили на имя того же рядчика. С домашними об этом Прокудин не рассуждал, но все знали, что он требует Гришку, и не сомневались, что Гришка па этому требованию явится.

Домашним от этого было ни жарко, ни холодно, но Настю дрожь пробирала, когда она згадывала о мужнином возвращении.

– Так все, стало, хорошо? – спрашивала Настя сидевшего у нее в ногах на кровати Степана.

– Видишь сама, теперь только денег нужно раздобыться.

– А много денег-то?

– Двадцать пять рублей старыми за пачпорт берет, пес этакой.

– О-о! ты поторгуйся.

– Тут, глупая, уж где торговаться! Вот в Суркове тоже писарь делает пачпорты, дешевле берет, всего по десяти старыми, так печати у него такой нет; попадаются с его пачпортами.

– Нет, такого-то не надо.

– То-то ж и оно.

Ворота задворка скрипнули, и кто-то крикнул:

– Настя!

– Пропала я! – прошептала Настя.

– Настя, отчини! – продолжал тот же голос под самою дверью пуньки.

Степан и Настя узнали Варвару.

– Что тебе? – спросила Настя замирающим голосом.

– Отчини, дело есть.

– Ну как же, дело! Я разутая… студено… Завтра скажешь.

– Я намычки у тебя забыла.

– Нет тут твоих намычек.

– Да отчини, я погляжу.

Нечего было делать. Настя толкнула Степана на постель и, закрыв его тулупом, отворила дрожащими руками двери пуньки.

Варвара, как только перенесла ногу через порог, царапнула серничком и, увидав Степановы сапоги, ударила кулаком по тулупу и захохотала.

– Чего тебя разнимает! – сказал, вставая, Степан. Настя, совершенно потерявшаяся, молчала.

– Вот он где, милый дружок, – продолжая смеяться, говорила Варвара.

– Бери свои намычки, где они тут, и убирайся, – строго сказал Степан.

– Что больно грозен! Не ширись крепко.

– А вот я тебе покажу, что я грозен. Если ты перед кем только рот разинешь, так не я буду, если я тебе его до ушей не раздеру. Ты это помни и не забывай.

– Грех-то какой, – проговорила Настя, когда вышла Варвара. – Кто эту беду ждал?

– Никакой беды не будет.

– Не говори этого, Степа. Она всем разблаговестит. Она это неспроста зашла.

– Не посмеет.

Однако Степан ошибся. Бабы стали подсмеивать Насте Степаном.

Отдала Настя Степану сукно, три холста да девять ручников; у кума он занял четыре целковых и поехал в К. Оттуда вернулся мрачный, как ночь темная. Даже постарел в один день.

– Что? – спрашивала его Настя.

– Пропало дело.

– Как так, Степанушка?

– Обманул, собака. Взял деньги, а пачпортов не дал. «Привози, говорит, еще столько ж».

– Да ты б требовал.

– Что мелешь! Острога неш нет. Как требовать-то в таком деле.

– Горе наше с тобой.

– Не радость.

– Как же теперь быть?

– И сам не знаю.

– Донести еще денег, что ли?

– Не поможет, уж это видно, что все на обман сделано.

Горевали много. Однако порешили бежать, как потеплеет. Настя была в большом затруднении. Ей хотелось скрыться, пока никто не знает о ее беременности.

Так ей не привелось сделать.

На масленице, наигравшись и накатавшись, народ сел ужинать, и у Прокудиных вся семья уселась за стол. Только что стали есть молочную лапшу, дверь отворилась, и вошел Гришка.

Настя как стояла, так и онемела. Поздоровался Гришка с отцом, с матерью, поздоровался и с женою; а она ему ни слова.

Пошли все спать. Только старик долго сидел еще с Григорьем. Все его расспрашивал; но потом и сам полез на полати, а сына отпустил к жене.

Да жены-то Григорий не нашел в пуньке. Дверь была отворена, и кровать стояла пустая.

VII

От Прокудиных до Степанова двора было всего с полверсты: только перейти бугорок да лощинку. Настя перебежала бугор и села на снегу в лощинке. Она сегодня не ждала к себе Степана и не знала теперь, как его вызвать; а домой она решилась не возвращаться. Ночь была довольно холодная, и по снегу носилась легкая сероватая пыль: можно было ожидать замята[14]. Настя крепко прозябла в одной свите и пошла к Степанову двору. В избе еще был свет. Настя потихоньку заглянула в окно. Степан сидел на лавке и подковыривал пенькою детские лапотки. В сенях кто-то стукнул дверью. Настя испугалась, отбежала за амбарчик и оттуда продолжала глядеть на окно. В хуторе было тише, чем в поле, но по улице все-таки мелась снежная пыль. Видно было, что кура разыгрывается. Настя, пожимаясь от стужи, не сводила глаз с освещенного окна Степановой избы. Наконец огонь потух, и в тишине ночи, сквозь

---

[14] Замять – метель.

84

завывание ветра, Настя услыхала, как стукнула дверная клямка. Настя в ту же минуту завела песенку и, пропев слова три, замолчала и стала смотреть на ворота.

– Ктой-то будто запел? – сказал, ворочаясь на лавке, Степанов тесть.

– Это тебе показалось, – отозвалась старуха, зевая и крестя рот. – Кто теперь станет петь на дворе? Кура курит, вот и кажется бог знает что.

В избе уснули, а Степан пролез в подворотню, тревожно осмотрелся и кашлянул. Из-за амбара выступила Настя и назвала его по имени.

– Что такое? – сказал, подскочив к ней, взволнованный Степан.

– Муж пришел.

– Что врешь!

– Пришел.

– Как же ты ушла?

– Так, вышла, да и пошла: вот и все.

– Как же теперь быть?

– Про то тебе знать: ты мужик. Я куда хочешь пойду, только домой не вернусь.

– Иззябла ты?

– Иззябла.

– Где ж тебе согреться?

– Ах, да не знаю! Что ты меня спрашиваешь, про что я не знаю.

– К куму разве!

– Далеко. Я совсем застыла.

– Хочешь в овин?

– Ах, какой ты мудреный! Да веди куда хочешь.

В овине тоже было холодно, но все-таки не так, как на дворе. Степан распахнул свой тулуп, посадил Настю в колена и закрыл ее полами.

Стали думать да гадать, что им делать. Степан все гнул на то, чтоб Настя вернулась домой и жила бы кое-как, скрывая все, пока он собьется с средствами и добудет паспорты; а между тем и потеплеет. Насте эта препозиция не понравилась. Она и слушать не хотела.

– И не говори ты мне этого, – сказала она Степану. – С мужем жить надо, я знаю как, как мужней жене. А я себя делить промеж двух не стану. Не любишь ты меня, так я одна уйду.

– Да куда ж ты уйдешь?

– Куда глаза глядят.

Степану стало жаль Насти. Он любил ее, и хотя казалось ему, что Настя дурит, но он успокоил ее и решился бежать с нею.

Утром до свету он отправился к куму, а Настя целый день просидела в темной овинной яме, холодная и голодная. Разнесся слух, что Степан пропал и Настя пропала. Варвара тут же решила, что они сбежали вместе.

85

Целый день об этом толковали на хуторах. У Прокудиных в избе все молчали и нехотя отвечали соседям, приходившим расспрашивать, что? да как? да каким манером она вышла? в какую пору и куда пошла?

— Кабы знали, куда пошла, так и толковать бы не о чем было, — отвечал с нетерпением старик Прокудин.

Гришка, как дурак, скалил зубы и ничего не говорил, только глупо улыбался; Вукол ездил к кузнецу и к Костиковой жене, но не привез никаких слухов о Насте.

У Степана в избе ад стоял. Жена его плакала, рыдала, проклинала Настасью, звала мужа «голубем», «другом милым» и толкала сынишку, который, глядя на мать, тоже ревел и кричал: «Тятя! тятя! где наш тятя?»

В овинной яме ничего этого не было слышно. Настя слышала только по временам сильное биение своего сердца и от холода беспрестанно засыпала. Пробуждаясь, она осторожно подползала к выходу и смотрела, светло ли еще на дворе, и затем опять забивалась в уголок и засыпала. Начало темнеть, Настя с нетерпением ждала Степана и вздрагивала при малейшем шорохе, который производили мыши. «Ну, если придут садить овин? — думала она. — Пропала тогда моя головушка!» Но овин садить не приходили. Всем было не до овина. Наконец совсем стемнело. На дворе была так же ночь, как и в яме. Настя выползла из ямы и стала смотреть вдаль. Ей послышалось, что где-то невдалеке фыркнула лошадь, потом будто скрипнули сани и остановились. Она подумала: «Не меня ли ищут» — и в испуге бросилась в свою яму. Через минуту за овином, с задней стороны, послышались торопливые шаги. Они раздавались все ближе, ближе, и наконец кто-то подошел к овину и спрыгнул в яму. Настя замерла.

— Где ты? — шепотом спросил Степан.

— Вот я, — отвечала шепотом же Настя, не оправившаяся от своей тревоги.

— Скорей! — Степан нашел ее руку и повел.

— Скорей! скорей иди! — говорил он.

Настя, спотыкаясь, насилу поспевала за Степаном.

— Куда ты ведешь меня? — спрашивала она его, задыхаясь от усталости.

— Иди, после будем говорить, — отвечал Степан, шагая по целому снегу.

За коноплями, где была выставлена несвоженная пенька, показались сани, запряженные пегою лошадью, и на них сидел человек.

— Скорей! — крикнул он, завидя Степана с Настею. Степан обхватил Настю рукою, и они бегом побежали к саням.

Добежав до саней, Настя упала на них. Степан тоже прыгнул в сани, а сидевший в них мужик сразу погнал лошадь. Это был Степанов кум Захар. Он был большой приятель Степану и вызвался довезти их до Дмитровки.

Кроме того, Захар дал Степану три целковых и шесть гривен медью, тулуп для Насти, старые валенки, кошель с пирогами и старую накладную, которая должна была играть роль паспорта при встрече с неграмотными заставными солдатами. Это было все, чем мог поделиться Захар с своим другом.

Лошадь у Захара была чудесная: сытая, крепкая и проворная. К утру они, не кормя ни разу, приехали в Дмитровку. У заставы друзья простились. Захар поехал на постоялый двор кормить лошадь, а Степан с Настею отправились в обход города и, выйдя опять на большую дорогу, пошли по направлению к Севску. Решено у них было идти в Николаев, где, слышно, живет много наших беглых, приписаться там и жить под чужими именами. Для осторожности они положили не называть друг друга при людях своими именами. Настасья называла Степана Петром, а он ее Марьею. Дорогою они то шли пешком, то подъезжали, за дешевую плату, на обратных подводах. Таким образом на шестой день к вечеру они добрались до Н-а и остановились ночевать на постоялом дворе у какого-то орловского дворника. В это время в Н-е был полицмейстером толстый полковник, известный необыкновенною ловкостью в преследовании раскольников и беспаспортных. Его знали по целой Черниговской губернии, а в Дубовке, в Новозыбкове, в Клинцах, в Климовом посаде и вообще, где жили русские беспоповцы, его боялись как огня; матери даже детей пугали им, как на Кавказе пугали именем Алексея Петровича Ермолова. У полковника каждый дворник был на отчете, и на заставах стояли солдаты, обязанные спрашивать у всех паспорты. Но как дворникам не всегда была охота допытывать своих гостей, а люди могут проходить в город и не в заставу, а по всякой улице, то полковник от времени до времени делал ночные ревизии по постоялым дворам и забирал всех, кто казался ему подозрительным. От самого Орла до самого Киева спросите любого пешехода, он и теперь еще непременно скажет, что нет строже города как Н-н. «Обойди ты Нежин да пройди умненько Киев, так и свет белый тирад» тобой откроется, – ступай – посвистывав!» Так говорят до сих пор, хоть нынче уж в Н-не не те порядки, какие были назад тому четыре, пять лет.

Сделал полковник ночью ревизию в дворе орловского мещанина и забрал на съезжую Степана и Настю. Растерявшаяся и перепуганная Настя спросонья ничего ни могла разобрать: мундиры, солдаты, фонари, ничего она не понимала, о чем ее спрашивают, и не помнила, что отвечала. До съезжей их вели рядом с Степаном, но ни о чем не позволяли говорить. Настя была спокойна: она только смотрела в глаза Степану и пожимала ему руку. Они были связаны рука за руку тоненькою веревочкою. Степан был бледен и убит.

В части их рассадили по разным местам. Настю на женскую половину, а Степана на мужскую. Настя этого не ожидала. Она говорила: «Это мой муж. Не разлучайте меня с мужем». Ее, разумеется, не послушались и толкнули в двери. Она ждала, что днем ее спросят и сведут с Степаном, но ее целый день даже никто и не спросил. Она всех расспрашивала сквозь дверную решетку о Степане, но никто ей ничего не отвечал, а иные из солдат еще посмеивались.

— Я Степан, — говорил один.

— Брешет, молодка, он Сидор. Вот я так настоящий Степан.

— Ну-к что ж, что не Степан! Я хочь не Степан, дак еще лучше Степана разуважу, — отвечал первый, и поднимался хохот. В коридоре хохотали солдаты, а в арестантской две нарумяненные женщины, от которых несло вином и коричневой помадой. Настя перестала спрашивать и молча просидела весь день и вторую ночь.

На другой день взяли Настю к допросу; после нее допрашивали Степана. Они оба разбились в показаниях, и еще через день их перевели в острог. Идучи с Степаном, Настя уговаривала его не убиваться, но он совсем был как в воду опущенный и даже не обращал на нее никакого внимания. Это больше всего огорчало Настю, и она не знала ни дня, ни ночи покоя и недели через две по прибытии в острог родила недоношенного, но живого ребенка. Дитя было мальчик.

Увидев малютку, Настя, кажется, забыла свое горе. Она его не спускала с рук и заворачивала в свою юбку.

В арестантской казарме было холодно и сыро. С позеленелых стен и с закоптелого потолка беспрестанно падали холодные, грязные капли; вонючие испарения стоявшего в угле деревянного ушата делали атмосферу совсем негодною для дыхания. Ребенка негде было ни выкупать, ни согреть, ни обсушить. Он недолго терпел неприветливую встречу, приготовленную ему во Христе братьями на этом свете: попищал, поморщился и умер. Настя рыдала так, что все арестантки с нею плакали. Когда пришел солдат, чтобы взять мертвого младенца, Настя схватила трупик, прижала его к себе и не выпускала. Солдат дернул ребенка за ножки. Настя еще крепче прижала дитя и, упав с ним на нары, закрыла его своим телом. Солдат рассердился и ударил Настю. Она не трогалась.

— Как ты смеешь драться? Ты не смеешь бить женщину. Она больная, а ты ее еще толкаешь! Позови смотрителя! — кричали арестантки.

— Цыц! — крикнул на них солдат.

— Что цыц! Нечего. Всех не перебьешь. Позови смотрителя.

Солдат плюнул и вышел.

— Смотрителя! смотрителя! — кричали женщины. — Смотрителя, а то будем весь день кричать.

Стража знала, что если не удовлетворить требования арестанток, то они исполнят свою угрозу и будут кричать, пока не придет смотритель. Позвали смотрителя.

Чиновник, опытный в обращении с заключенными, пришел в форменном сюртуке и в сопровождении четырех солдат.

– Что за шум? – крикнул он.

– Евстафьев бабу обидел, ваше скородие, – отвечало несколько голосов.

– Чем он ее обидел? Говори одна кто-нибудь!

Вышла маленькая, черноволосая бабочка из бродяг и рассказала всю историю.

– Взять мертвеца, – скомандовал смотритель.

Солдаты взялись за Настю, которая, не поднимаясь с нар, держала под своею грудью мертвого ребенка и целовала его красненькие скорченные ручки.

– Взять! – повторил опять чиновник.

Солдаты подняли Настю, развели ей руки и взяли у нее ребенка.

Она упала в ноги смотрителю и закричала.

– Тсс! – произнес, топнув ногою, смотритель.

– Не могу! не могу, – говорила Настя, ударяя себя одною рукою в грудь, а другою крепко держалась за полу смотрительского пальто. – Только дайте мне показать его отцу. Хоть мертвенького показать, – захлебываясь рыданиями, просила Настя.

Смотритель махнул солдату, державшему под рукою завернутого в тряпку ребенка. Солдат сейчас по этому знаку вышел за дверь с своей ношей. Настя выпустила смотрительскую полу и, как бешеная кошка, бросилась к двери; но ее удержали три оставшиеся солдата и неизвестно для чего завели ей назад руки.

– Злодей! черт! Чтоб тебя гром разбил! Чтоб ты своих детей не взвидел, анафема! – кричала Настя, без слез, дерзко смотря в глаза смотрителю.

– В карцер ее, – скомандовал смотритель.

Солдаты вывели Настю за двери. Но, когда они вышли, чиновник, выйдя вслед за арестанткой, отменил свое приказание и велел ее отвести не в карцер, а в больницу.

Через полчаса смотритель сам зашел в больницу. Настя сидела на полу и рыдала. Койки все были заняты, и несколько больных помещались на соломенных тюфяках на полу.

Увидев смотрителя, она стала на колени, сложила руки и, горько плача, сказала:

– Голубчик вы мой! Не сердитесь на меня. Я не помню, что я говорила. Дайте мне… Пустите меня к моему деточке! Дайте мне хоть посмотреть на него, на крошечного!

Настя опять зарыдала, и нельзя было разобрать за рыданиями, что она еще говорила.

– Слушай! – произнес смотритель.

Настя рыдала.

– Слушай! – повторил он. – Слушай! тебе говорю, а то уйду, если будешь реветь.

– Нет, нет, я… перестану… не буду… Только пус… пус… пустите меня к ребенку! – говорила шепотом Настя, сдерживая душившие ее рыдания.

– Не реви, будь смирная, я тогда велю тебя пустить. Настя махнула рукою, сжала свою грудь и тем же тихим, прерывающимся голосом отвечала:

– Да… я… бу…ду смир…смир…смир…ная. Вели…те меня пустить к моему ре…бенку.

Она сидела смирно и плакала, всхлипывая, как наказанное дитя. Даже глаза ее глядели как-то детски.

Смотритель посмотрел на Настю и вышел.

Как только ушел смотритель, Настя бросилась к окну, потом к двери, потом опять к окну. Она хотела что-то увидеть из окна, но из него ничего не было видно, кроме острожной стены, расстилающегося за нею белого снежного поля и раскиток большой дороги, по которой они недавно шли с Степаном, спеша в обетованное место, где, по слухам, люди живут без паспортов. С каждым шумом у двери Настя вскакивала и встречала входившего словами: «Вот я, вот! Это за мною? Это мое дитя там?» Но это все было не за нею.

Наконец часа через полтора пришел солдат и крикнул: «Бродяга Настасья!»

Настя вскочила с окна и бросилась к нему, говоря:

– Это я, я. Скорее, скорей, миленький.

– Погоди. Поспеешь с козами на торг! – отвечал солдат и не спеша повел Настю в часовню.

Часовенка, где ставили мертвых, была маленькая, деревянная. Выстроена она была на черном дворе и окрашена серою краской. Со двора острожного ее было совсем не видно. Убранство часовни состояло из довольно большого образа Знамения божией матери, голубого деревянного креста, покрытого белым ручником, да двух длинных скамеек, на которых ставили гробы. Теперь одна из этих скамеек была пуста, а на другой лежал Настин ребенок.

Настя, вскочив в часовню, бросилась к своему сокровищу, обняла дитя и впилась в него губами.

А ребенок был такой маленький и худенький. Еще в материной утробе он заморился, и там ему было плохо; там он делил с матерью ее горе и муки. Теперь он лежал твердый, замерзший. На нем уже была надета рубашечка, которую ему сшили и прислали Настины подруги, арестантки бродяжного отделения. А личико у него было синее, сдвинутое в горькую гримасу, с каким-то старческим выражением невыносимой муки. Точно он, взглянув на что-то ужасное, почувствовал ужасную боль, сморщился отстой боли и умер, унося с собою в могилу знак оттиснутой на нем земной муки.

VIII

Настя лежала в больнице; С тех пор как она тигрицею бросилась на железные ворота тюрьмы за уносимым гробиком ее ребенка, прошло шесть недель. У нее была жестокая нервная горячка. Доктор полагал, что к этому присоединится разлитие оставшегося в грудях молока и что Настя непременно умрет. Но она не умерла и поправлялась. Состояние ее духа было совершенно удовлетворительное для тюремного начальства: она была в глубочайшей апатии, из которой ее никому ничем не удавалось вывести ни на минуту.

Степана она видела только один раз, когда он с другим арестантом, под надзором двух солдат, приходил в больницу с шестом, на котором выносили зловонную больничную лохань. Настя взглянула на его перебритую голову, ахнула и отвернулась к стене.

Благодаря сенатору, который в этот год ревизовал присутственные места О-ой губернии, к-ой земский суд не замедлил доставить н-ской городской полиции справки, затребованные о Степане и Насте. Дело о них перешло в уездный суд, и месяца через три вышло решение: «Задержанных в г. Н-не крестьян Степана Лябихова и Настасью Прокудину наказать при н-ской городской полиции, Степана шестьюдесятью, а Настасью сорока ударами розог через нижних полицейских служителей и затем отправить по этапу в к-сий земский суд для водворения в жительстве».

Решение это надлежащим порядком было приведено в исполнение: Степана и Настю высекли розгами и повели домой тою же дорогою, которою они оттуда бежали.

Нечего рассказывать ни о Степане, ни о Насте, как они шли и что они думали? Кажется, ни о чем. Аппарат мыслительный в них испортился. Истрепались эти люди.

91

Жила ли в них еще любовь? Надо полагать, что жила. Степан на каждой остановке все, бывало, взглянет на Настю и вздохнет. Говорить им между собою было невозможно, но два раза Настя улучила случай и сказала: «Не грусти, Степа; я все рада за тебя принять». А Степан раз сказал ей: «Вот теперь было бы идти-то нам, Настя! Тепло, везде ночлег, – нигде бы не попались».

Под Королевцем Степан стал жаловаться на голову. Все его сон одолевал. Несколько этапов его везли на подводе, и он все спал крепким, тяжелым сном. Настя все порывалась к нему подойти, да ее не пускали. «Не расходиться! не расходиться!» – кричал ундер и толкал ее в пару с другой бродяжной.

В Дмитровке вывели утром этап и стали поверять у ворот.

– Степан Лябихов! – крикнул делавший перекличку ундер.

– Болен, – отвечал за Степана этапный.

– Остается, стало? – спросил перекликавший.

– Оставлен, – отвечал этапный.

Этого удара Настя уж никак не ожидала. Она все-таки видела Степана, и хоть не могла с ним говорить, не могла, даже и не рассчитывала ни на какое счастье, но видеть, видеть его было для нее потребностью. А теперь нет Степана; он один, больной, без призора. Настя просила оставить ее; она доказывала, что они с Степаном по одному делу, что их по закону нельзя разлучать. Над ней посмеялись и повели ее.

Рассыльный станового привел Настю к Прокудиным сумасшедшею. Она никого не узнавала. То она сидела спустя голову, молчала и, как глухонемая, не отвечала ни на один вопрос, то вдруг пропадала, бегала в одной рубашке по полям, звала Степана и принимала за него первого встречного мужчину. Целовала, плакала над ним и звала к себе, с собою, шла куда попало и с кем попало. Были добрые люди, которые этим пользовались и даже хвалились. Жалости достойна была бедная Настя, и Степан, умерший от тифа в дмитровском остроге, был гораздо ее счастливей.

Перестали сумасшедшую Настю считать человеком и стали называть ее не по-прежнему Настькой-прокудинской, а Настей-бесноватой.

Крылушкин узнал о Настином несчастии от Костиковой жены, которая ездила к нему советоваться о своей болезни, и велел, чтоб ее непременно к нему привезли: что он за нее никакой платы не положит. Убравшись с поля, взяли Настю и отправили в О. к Крылушкмну.

Она не узнала ни Крылушкина, ни Пелагеи. Через год ровно наведались к Насте. Она была в своем уме. С простоты рассказали ей, что она делала в сумасшествии, принимая всех за Степана. Загорелась бедная баба. Сначала и верила и не верила; но ей назвали Сидора, Петра, Ивана, и так все доказательно, что она перестала сомневаться. Крылушкин, узнав об этом, очень сердился, но уж было поздно. Настя считала себя величайшей грешницей в мире, изнуряла себя самым суровым постом, молилась и просила Крылушкина устроить ее в монастырь, где она находила усладу своей растерзанной душе. Игуменья душою была рада угодить Силе Иванычу и приютить Настю, да, посоветовавшись с секретарем консистории, отказалась, потому что, по правилам, ни женатому мужчине, ни замужней женщине нельзя поступить в монастырь.

— Все мне это замужество мое везде стоит, — проговорила Настя, когда Крылушкин объявил ей отказ на ее просьбу о помещении в женский монастырь. — Буду с вами доживать век, — добавила она. — Уж никуда от вас не пойду.

· — И благо, Настя. Будем жить чем бог пошлет; будем друг друга покоить. Спасибо, что домашние-то не требуют, — отвечал Крылушкин.

Так она и жила. Домашние Настю к себе не требовали.

Тем временем приехал в нашу губернию новый губернатор. Прогнал старых взяточников с мест и определял новых. Перетасовка шла по всем ведомствам. Каждый чиновник силился обнаружить как можно более беспорядков в части, принятой от своего предшественника, и таким образом заявить губернатору свою благонамеренность, а в то же время дать и его превосходительству возможность заявить свою деятельность перед высшим начальством.

В одну прекрасную июльскую ночь ворота крылушкинского дома зашатались от смелых ударов нескольких кулаков. Крылушкин выглянул в окно и увидел у своих ворот трое дрожек и человек пятнадцать людей, между которыми блестела одна каска. Крылушкин узнал также по воловой дуге полицмейстерские дрожки. Как человек совершенно чистый, он спокойно вышел из комнат и отпер калитку.

— Крылушкин дома? — спросил полицмейстер.

— Его, сударь, перед собой изволите видеть, — спокойно отвечал старик.

Полицмейстер смешался, ничего не сказал Крылушкину, но, оборотясь к людям, скомандовал всем войти и ввести в двор экипажи.

Крылушкин крикнул Насте, чтобы она подала ключ от ворот, и трое дрожек взъехали на зеленый двор Силы Ивановича.

— Пожалуйте, господа! — отнесся полицмейстер к двум господам, из которых один был похож на англичанина, а другой на десятеричное i. — Понятые и Егоров за нами, а остальным быть здесь до приказания, — закричал он.

Два господина, шесть мещан и полицейский унтерофицер направились за полковником к крыльцу, а остальные, крикнув: «Слушаем, ашекобродие!», остались около дрожек.

– Веди, – обратился полицмейстер к Крылушкину.

– Милости просим, – отвечал старик и пошел вперед по лестнице.

В доме сделалась тревога, никто не спал, и везде зажглись свечи.

– Это что у тебя за люди? – спросил полицмейстер, указывая на стоявших в двери Пелагею и Настю.

– Одна, сударь, кухарка, а другая нездорова была, лечилась…

– Паспорта есть у них?

– Какие ж паспорта! Одна здешняя мещанка, а другая из соседнего уезда; всего за сорок верст.

– Которая из уезда?

– Вот эта, Настасья.

Полицмейстер махнул унтеру головой; тот отвечал: «Слушаю, ашекобродие!»

Перешли в зал. Полицмейстер сел, расставил ноги и не снял каски. Англичанин сел весьма благопристойно; а десятеричное i стал у клавикордов и наигрывал одною рукою юристен-вальс.

– Позвольте мне, господа, как хозяину, узнать теперь, чему я обязан вашим посещением? – отнесся Крылушкин к полицмейстеру.

– А это ты сейчас, братец, узнаешь. Ты, кажется, оратор и оператор? – сказал полицмейстер.

I улыбнулся, англичанин покраснел и насупился, а Крылушкин переспросил:

– Что изволите говорить, сударь?

– Ты лечишь?

– Лечу, милостивый государь.

– А кто тебе дал право лечить?

– Тут, сударь, такое право: ходит ко мне народ, просит помощи, а я не отказываю и чем умею, тем помогаю. Вот и все мое право. По моему разуму, на всяком человеке лежит такое право помогать другим, чем может и чем умеет.

– Х-м, этого недостаточно, – проговорил англичанин, потянувшись на стуле и глядя на носки своих сапог. – Надо иметь диплом, для того чтобы лечить.

– Это, сударь, кто доктором слывет, действительно так: а кто по-простонародью простыми травками да муравками пользует, так у нас и отроду-родясь про эти дипломы не слыхано. Этак во всякой деревне и барыне и бабке, которая дает больному лекарствица, какого знает, надо диплом иметь? Что это вы, сударь! Пока человек лекаря с дипломом-то сыщет, его уж и в поминанье запишут. Мы впросте помогаем, чем умеем, и только; вот и все наши дипломы.

– Вы не то же самое, что деревенская лекарка. Та подает пособие скорое, до прибытия врача; это всякому позволено. А вы лечите болезни хронические, – проговорил англичанин.

– Какие-с?

– Хронические, застарелые.

– А точно, лечу-с. Вылечивал много болезней, от которых не только здешние, но и столичные доктора отказывались.

Англичанин улыбнулся.

– Вы принимаете больных не только соседних, но вон вы сами сказали, что у вас есть больная даже и из уезда.

– Действительно-с. У меня бывают больные из разных мест, и даже из Москвы. Благодарю моего бога, люди кое-где знают и верят.

– А объявляешь ты своевременно о приезжих полиции? – спросил полицмейстер.

Крылушкин взглянул на него и, ничего не отвечая, опять отнесся к англичанину с вопросом:

– Вы, милостивый государь, верно, доктор?

– Я инспектор врачебной управы.

– Конечно, в университете воспитывались?

Англичанин смешался и отвечал:

– Да.

– Это и видно.

– Почему же вы это заметили? – спросил, улыбаясь, англичанин.

– Да вот, сударь, умеете с людьми говорить. Я ведь стар уже, восьмой десяток за половину пошел. Всяких людей видал. Покойнику государю, Александру Павловичу, представлялся и обласкан словом от него был. В целом городе, благодарение богу, известен не за пустого человека, и губернаторы, и архиереи, и предшественники вот его высокоблагородия не забывали, как меня зовут по имени и по батюшке.

Полицмейстер сконфузился, англичанин взглянул на него и стал опять смотреть на свои сапоги, улыбнулось, а Крылушкин взял стул и, подвинув его под себя, проговорил:

– Извините, господа! Старые ноги устают.

– Сделайте милость, – поспешно отвечал англичанин и опять закраснелся.

Все не знали, что им делать. Крылушкин вывел их из затруднения.

– Что ж, господа чиновники, не имею чести знать вас по именам: обыск угодно произвести? Все молчали.

– Ведь это что же! Ваше дело подначальное. Обижаться на вас нечего. Извольте смотреть, что вам угодно.

– Позвольте паспорты ваших больных? – спросил полицмейстер.

– Я уж вам докладывал, сударь, что у меня нет никаких паспортов. Все мои теперешние больные люди обапольные, знаемые. А вот это, что вы изволили видеть, – обратился он к инспектору и понижая голос, – так привезена была в совершенном помешательстве рассудка. Какой же от нее паспорт было требовать?

– Это не отговорка, – сказал полицмейстер.

– Да я, кажется, сударь, и ни от чего не отговариваюсь. Все как оно есть, так вам и докладываю. Милуйте, жалуйте, за что почтете.

– Покажите ваших больных.

– Господин доктор! нельзя ли вас просить одних пройти со мною. Вы знаете, нездорового человека все тревожит. Особенно простого человека, непривычного к этому.

– Да, да, – торопливо проговорил англичанин. – Я вас прошу не беспокоиться. Я завтра днем к вам заеду.

– Очень ценю ваше доверие, – отвечал Крылушкин с вежливым поклоном, на который англичанин отвечал таким же поклоном.

– Вот лекарства мои, не угодно ли обревизовать?

– Это по вашей части, – заметил полицмейстер, обращаясь к i и напоминая Сквозника-Дмухановского в сцене с Гюбнером[15].

– Та, – отвечало i, тоже напоминая Гюбнера в сцене с Сквоэником-Дмухановским.

Травы все оказались безвредными. Забрали только несколько порошков, опечатали их и составили акт, к которому за неграмотных понятых подписался полицейский служитель из евреев.

Полицмейстер отвел англичанина в сторону и долго очень горячо с ним разговаривал. Англичанин, по-видимому, не мог убедить полицмейстера и тоже выходил из себя. Наконец он пожал плечами и сказал довольно громко: «Ну, если вам угодно, так я вас прошу об этом в личное для меня одолжение. Я знаю мнения его превосходительства, как его врач, и ручаюсь вам за ваше спокойствие».

Полицмейстер поклонился и, выходя, сказал ундеру: «Ступай, не надо ничего». Аптекарь взял опечатанные порошки и вместе с полицмейстером и с инспектором уехали с двора Крылушкина, а за ними пошли, переговариваясь, понятые и солдаты.

Крылушкин, проводив нежданных гостей, старался, как мог, успокоить своих домашних. Уговорил всех спать спокойно и, когда удостоверился, что все спят, сел, написал два письма в Москву и одно в Петербург, а в семь часов напился чайку и, положив в карман свои письма, ушел из дома.

---

[15] *...напоминая Сквозника-Дмухановского в сцене с Гюбнером.* – Имеются в виду слова городничего, обращенные к. лекарю: «Это уж по вашей части, Христиан Иванович» («Ревизор», действие I, явление 1).

IX

Крылушкин был на почте, отдал свои письма, а потом пошел к архиерею, беседовал с ним наедине с полчаса и вышел от него довольно спокойный. Архиерей у нас в то время был очень хороший человек, простодушный, добрый, открытый и не способный отказать ни в чем, что было в его власти или силе. Крылушкина он знал за человека, достойного всякого уважения, и принимал его без чинов. При губернской перестановке на месте из старых лиц с весом оставались только предводитель да архиерей. Предводителя не было в городе, и Крылушкин в защиту себе мог поставить только одного архиерея.

Но пока преосвященный написал к губернатору письмо и пока губернатор прочел это письмо и собрался призвать чиновника, чтобы поручить ему рассмотреть и по возможности удовлетворить ходатайство архиерея, случилось следующее происшествие.

В восемь часов утра пришел к Силе Ивановичу во двор квартальный с четырьмя десятскими и спросил хозяина. Ему Палагея отвечала, что хозяина нет дома, что он вышел и она не знает, когда возвратится. Квартальный объявил, что он имеет предписание забрать и тотчас доставить во врачебную управу всех находящихся у Крылушкина больных, которые могут ходить. Защиты не у кого было искать. Квартальный забрал старуху с грыжей, одиннадцатилетнюю девочку с золотушным гноетечением, молодую бабу с расперетницей да Настю и под полицейским прикрытием повел их во врачебную управу.

Сила Иваныч, выйдя успокоенный от архиерея, зашел в городской сад, погулял, посмотрел на Оку, отдохнул на лавке и поплелся домой. До его дома было добрых три версты, и старик пришел только около одиннадцати часов.

Палагея встретила его на пороге и, сбиваясь от торопливости и перепуга, рассказывала, что случилось во время его отсутствия.

– И Настю взяли? – спросил встревоженный старик. – Повели, батюшка, Сила Иваныч.

– Таки свое сделали, – проговорил Крылушкин и теми же пятами, не заходя домой, бросился к калитке.

– Иди, беги, родимый! Заступись за нее, сироту, – говорила ему вслед старуха.

Но уж поздно было защищать Настю.

Старик, задыхаясь от усталости и тревоги, бежал около двух верст до площади, где стоят извозчики. Облитый потом, он сел на дрожки и велел везти себя в врачебную управу. Не глядя, что вынул из кармана, он дал извозчику монету и вбежал в сени. Баба и старуха сидели на окне. Старуха плакала.

– Чего? что с вами сделали? – спросил перепуганный Крылушкин.

– Отец ты наш! За что же на нас срам-то такой?

– Что, что? скорей говорите.

– Да как же на старости-то лет меня, старуху, осматривать при всех при бесстыжих глазах.

– Ах, боже ты мой! – прошептал Крылушкин и вскочил в переднюю.

Здесь стояла девочка, вся красная, как от печи отошла, с слезами на глазах, и подвязывала свои больные уши.

– Боже мой! Настя! где Настя? Девочка показала рукою на дверь канцелярии. У двери стоял сторож, отставной солдат, и рукою держался за замок.

– Пусти, милый! – сказал Крылушкин.

– Нельзя, не велено пущать.

– Мне нужно.

– Обождите. Там члены женщину осматривают.

В это время за дверью раздался раздирающий вопль Насти.

Крылушкин вдруг толкнул солдата и вне себя вскочил в комнату.

Было поздно.

Акушер, с инструментом в руках, производил осмотр.

Крылушкин вошел в то время, когда осмотр, требующий очень немного времени, был уже кончен. Акушер, передав фельдшеру инструмент, кивнул солдатам, державшим свидетельствованную. Настя вскрикнула, рванулась и, не успев стать на ноги, упала на пол. Потом вдруг поспешно вскочила и плюнула в лицо англичанину. Инспектор не успел прийти в себя от этого сюрприза, как бедная женщина с раскрасневшимся лицом и бегающими глазами перескакивала от одного к другому и, с каким-то воплем, по очереди всем им плевала в глаза. Писаря бросились в другую комнату, а письмоводитель стал за шкаф и закрылся дверцей.

Настя прыгнула и к Крылушкину, вероятно с тем же намерением – плюнуть ему в глаза, но тотчас его узнала, обхватила руками шею старика и, упав головою на его грудь, тихо заплакала.

Оплеванные члены управы, совершенно растерявшись, стояли и только поглядывали друг на друга. Никому не было завидно. Всем досталось поровну.

Крылушкин с белой головой и спокойным взглядом стоял, как статуя упрека, и молча смотрел на них, прижимая к себе плачущую Настю. Наконец он покачал головой и сказал:

– Эх, господа! господа! А еще ученые, еще докторам и зоветесь! В университетах были. Врачи! целители! Разве так-то можно насиловать женщину, да еще больную! Стыдно, стыдно, господа! Так делают не врачи, а разве… палачи. Жалуйтесь на меня за мое слово, кому вам угодно, да старайтесь, чтобы другой раз вам этого слова не сказали. Пусть бог вас простит и за нее не заплатит тем же вашим дочерям или женам. Пойдем, Настя.

Крылушкин с Настей вышли.

Члены еще переглянулись. Они решительно не знали, какой оборот дать этому делу. Но прежде всего нужно было обтереться. Англичанин первый вынул из кармана батистовый платок и, отвернувшись к стене, стал вытирать свое лицо. Другие последовали его примеру.

Члены ушли в присутствие. Писаря помирали со смеху в канцелярии, письмоводитель хотел войти в присутствие, но у самой двери пырскнул, зажал рукою рот и опять вернулся в канцелярию, где можно было смеяться, не оскорбляя самолюбия членов.

— Какая неприятная случайность! — сказал англичанин.

— Да! И прямо в глаза, — заметил акушер. — Чего терпеть я не могу.

— Чего вы терпеть не можете, чтоб в глаза-то плевали? — спросил всегда веселый оператор.

— Да.

— Кто ж это любит!

— То есть не то, не в глаза; а я говорю, что историй-то этих терпеть не могу. Ведь это по всему городу разнесут.

— Уж с тем, что возьмите, — отвечал оператор.

— Позвольте, господа. Не время шутить, а придумайте, что сделать. Ведь из этого выйдет скандал, — пояснил англичанин.

Дело ступило на серьезную ногу и решено тем, что в акте освидетельствования нужно записать Настю одержимою припадками умопомешательства и подлежащею испытанию в доме умалишенных. От сумасшедшего-де ничто не обидно.

Как сказали, так и сделали. Настя провела в сумасшедшем доме две недели, пока Крылушкин окольными дорогами добился до того, что губернатор, во внимание к ходатайству архиерея, велел отправить больную к ее родным. О возвращении ее к Крылушкину не было и речи; дом его был в расстройстве; на кухне сидел десятский, обязанный сладить за Крылушкиным, а в шкафе следственного пристава красовалось дело о шарлатанском лечении больных купцом Крылушкиным.

Время, проведенное Настею в сообществе сумасшедших, прошло не даром. Она была доставлена посредством земского суда домой в совершенном сумасшествии. Дорогою все она рвалась, и ее рассыльный вез, привязавши к телеге, а у дверей знакомой избы уперлась руками в притолки, вырвалась из рук и убежала. До самой глубокой осени она скиталась по окрестностям, не заходила ни под одну крышу и не говорила ни с одним человеком. Где она бродила и чем питалась, никто не знал. Говорили только, что она совсем обносилась, и видали ее пробегавшею через поля в одной рубашке. Пастухи рассказывали, что видели, как она рубашкою ловила на узеньких пережабинах Гостомли мелкую рыбешку, которой бывает несметное количество в нашей речке; а другие уверяли, что Настя ела эту рыбу сырую, даже живую. Совсем она зверенком стала, и все стали бояться ходить в одиночку, — «чтоб Настя-бесноватая не нагнала».

Осенью, когда речка замерзла и твердая, как камень, земля покрылась сухим снегом, Настя в одну ночь появилась в сенях кузнеца Савелья. Авдотья ввела ее в избу, обогрела, надела на нее чистую рубашку вместо ее лохмотьев и вымыла ей щелоком голову. Утром Настя опять исчезла и явилась на другой день к вечеру. Слова от нее никакого не могли добиться. Дали ей лапти и свиту и не мешали ей приходить и уходить молча, когда она захочет. Ни к кому другим, кроме кузнеца, она не заходила.

Зимою прошел на Гостомле слух, что дело о шарлатанском лечении больных купцом Силою Крылушкиным окончено и что после того сам губернатор призывал к себе Силу Ивановича и говорил ему, что он может свободно лечить больных простыми средствами. Сила Иванович поблагодарил начальника губернии, но не остался в О-е, продал свой дом с густым садом и поселился на каком-то хуторке в Курской губернии возле Белых Берегов. Говорили, что туда к Силе Ивановичу съезжается видимо-невидимо всякого народа и что он еще успешнее всем помогает. Кузнечиха Авдотья настроила слабоумного Григорья непременно отвезти Настю по весне к Белым Берегам, но Настя этой зимой, во время одной жестокой куры, замерзла в мухановском лесу.

Я был в Гостомле прошлым летом. Лет пять я уже не видал родных мест. Перед тем я жил безвыездно в столице, начитался рассказов из народного быта, и мне начало сдаваться, что я, выросший на гостомельском выгоне между босоногими ровесниками, разознакомился с народной жизнью. «Съезжу-ка я на Гостомлю, посмотрю, что там завяло и что на место завялого выросло». Поехал. Те же поля, те же луга; леса стали реже, и многих уж следов не осталось; пруды обмелели, и их до половины задернуло зеленою тиною. Соседей многих уж нет: одни переселились в города, другие в вечность. Многие хутора скупили купцы и однодворцы, и мужики, освобожденные февральским манифестом, тоже приобрели себе несколько отдельных участков и думают переноситься на них с своими постройками, «да только конопляников, говорят, жалко». Народ не то что повеселел, а заботливей как-то стал: все толкует, мерекает промеж себя. Нет прежней апатии. Прежние мальчики стали бородаты, но, спасибо им, меня не почуждались. Ониська Косой крестить меня к себе позвал и просил, чтоб я его старшему сынишке «грамоте показал». На крестинах бабка с кашей ходила и собирала деньги. Меня с кумой заставили три раза поцеловаться. Кумой была старая знакомая, Матрешка. Такая была девочка невзрачная, пузатая, – все гусенят, бывало, стерегла. А теперь баба хорошая, красивая, три года как замуж вышла, и муж другой, год как пошел на Украину, так и нет. Премилая кума, только губы у нее после каши были масленые. А целуется душевно и за плечи так крепко держит. Школы на хуторах нет, а есть школа, да далеко, в большой деревне. Однако из хуторных ребят многие читают очень свободно; охоту к учению имеют огромную. Матушка моя сберегла в кладовой все мои детские книги. Я их разобрал и раздарил ребяткам. Одну книжку, «Зеркало добродетели» с картинками, я отдал маленькому Абрамке, самому лучшему читальщику. Вечером он явился ко мне с подбитым носом и с изорванной книгой.

– Возьми, – говорит, – эту книжку: а то ребята все бьются.

– За что же они тебя бьют?

– Завидовают, что ты мне книжку хорошую дал. Возьми ее назад.

– Отдай ее тому, кому завидно.

– Всем завидно. Драться, черти, станут.

Нечего было делать. Взял я у Абрамки «Зеркало добродетели» и дал ему «Домашний лечебник», последнюю книжку из старого книжного хлама.

Купил полведра водки, заказал обед и пригласил мужиков. Пришли с бабами, с ребятишками. За столом было всего двадцать три души обоего пола. Обошли по три стаканчика. Я подносил, и за каждой подноской меня заставляли выпивать первый стаканчик, говоря, что «и в Польше нет хозяина больше». А винище откупщик Мамонтов продавал такое же поганое, как и десять лет назад было, при Василье Александровиче Кокореве[16].

За обедом мужики все меня расспрашивали: какой на мне чин от государя. Очень было трудно им это объяснить. «Как, – говорят, – твой чин называется?» Я сказал, что на мне чин коллежского секретаря. «Где же это ты секлетарем служишь?» – допытываются. Я сказал, что нигде не служу. Опять спрашивают: «Какой же ты секлетарь, коли не служишь? Где же твое секлетарство?»

Я рассказывал, что это только наименование такое. Ничего не поняли.

---

[16] …при Василье Александровиче Кокореве. – В. А. Кокорев (1817–1859) – крупный откупщик, банковый и железнодорожный деятель, наживший миллионное состояние.

Бабы спрашивали, зачем я с бородой хожу! «Так», – я говорю. «Не пристало, – говорят, – тебе». – «А без бороды-то разве лучше?» – спросил я баб. «Известно, – говорят, – лучше». – «Чем так?» – «Глаже с лица, – говорят, – показываешься».

Бабы все такие же. Есть очень приятные, есть и такие, что унеси ты мое горе.

В верхней Гостомле, куда была выдана замуж Настя, поставили на выгоне сельскую расправу. Был «а трех заседаниях в расправе. На одном из этих заседаний молоденькую бабочку секли за непочтение к мужу и за прочие грешки. Бабочка просила, чтоб ее мужиками не секли: „Стыдно, – говорит, – мне перед мужиками; велите бабам меня наказать“. Старшина, и добросовестные, и народ присутствовавший долго над этим смеялись. „Иди-ка, иди. Засыпьте ей два десятка, да ловких!“ – заказывал старшина ребятам.

Три парня взяли бабочку под руки и повели ее за дверь. Через пять минут в сенях послышались редкие, отчетистые чуки-чук, чуки-чук, и за каждым чуканьем бабочка выкрикивала: «Ой! ой! ой! Ой, родименькие, горячо! Ой, ребятушки, полегче! Ой, полегче! Ой, молодчики, пожалейте! Больно, больно, больно!»

– Ишь как блекочет! – заметил, улыбаясь, старшина.

Бабочка взошла заплаканная и, поклонившись всем, сказала:

– Спасибо на науке.

– То-то. Вперед не баловайся да мужа почитай.

– Буду почитать.

– Ну, бог простит; ступай. Баба поклонилась и вышла.

– Хорошо вы ее? – спросил смуглый мужичок ребят, исполнивших экзекуцию.

– Будет с нее. Навилялась во все стороны.

– Избаловалась баба; а какая была скромница в девках.

– Ты ба не так ее, Михаила Петрович, – заметил старшине черный мужик, – надо ба ее не токма что наказать, а того-то ба, половенного-то Сидорку призвать.

– Его за что?

– Нет. Я не про то. Я говорю, чтоб его-то заставить ее побрызгать-то. Из любой руки, значит.

– Ну еще, что вздумай!

– Право.

– Нет, ты не то, дядя, говори, – крикнул молодой парень с рябым лицом. – А ты вот своему сыну отец называешься, а по сыну и невестке отец. Ты ба помолился миру, чтоба тебя на старости лет поучили.

В избе пробежал шепот.

– За что это меня поучить? – спросил несколько растерявшийся черный мужик, свекор высеченной бабы.

– За что? Небось ты знаешь за что, – погрозив рукою, сказал молодой мужик. – Ты всему делу вина; ты...

– Полно! – крикнул старшина.

Гражданские, то есть собственно имущественные, спорные дела разбирают иногда весьма оригинально, но весьма справедливо.

За две недели до моего приезда старшину сместили за взятки; теперь собираются сместить писаря. Тоже что-то за ним знают, но говорят, что надо его «подсидеть и на деле сцапать».

Как возьмутся, уж это наверное сцапают.

Прокудин и его жена умерли; Гришка женился на солдатке, ушел в работу и не возвращался. Говорят, опять в Харькове с дворничихой сошелся. Сказывают, что он плакал по Насте, как ее оттаивали в избе и потрошили. Жениться он тоже не хотел, да отец бил его, и старики велели слушать отцовскую волю; он женился, ушел с топором и там остался. Домна здоровая, но уже старая баба, а про всякую скоромь врать еще большая охотница. Кузнец с кузнечихой нарожали восемь штук детей и живут по-старому. Крылушкина в прошлом году схоронили, и вся губерния о нем очень сожалеет. Костик разбогател, купил себе пять десятин земли, выстроил двор с лавочкой, в которой торгует разными крестьянскими припасами и водкой. Во хмелю такой же беспокойный и вообще большой дебошер. Когда он уж разбуянится, его унимает младший брат Егорушка, обладающий необыкновенною силою. Он связывает братца и кладет его в чулан, пока тот обрезонится. Мужички редкий не должен Костику и кланяются ему очень низко. Жена его совсем извелась.

Отец Ларион все вооружается против знахарей и доказывает крестьянам преимущества заклинаний, но мужики все возятся с аплечеевским солдатом. Баб бесноватых заметно гораздо меньше прежнего; крупного воровства также, говорят, стало менее, но лошадей ужасно крадут. На ярмарке был я только раз. Там та же история. Одного мужика, Дмитрия Данилова из моих сверстников, видели избитого.

– За что это тебя исколотили так? – спрашивали его. Он обтирает кровь, которая льет из носа, и молчит; а другой парень за него и говорит:

– Сапогами хотел раздобыться, да изловили, псы окаянные.

На погосте куча народа стояла. Смотрю, два мещанина в синих азямах[17] держат за руки бабочку молоденькую, а молодой русый купчик или мещанин мыло ей в рот пихает.

---

[17] Азям – кафтан.

– Что это такое? – говорю.

– Мылом, – говорят, – раздобывалась, да брюхатая; так бить ее купцы не стали, а вот мылом кормят.

– А вы зачем даете ее мучить?

– Попалась. Сама себя раба бьет, что не чисто жнет.

– Батюшки! отнимите меня. Я ведь только на пеленочки кусочек хотела взять, – стонала баба.

Купец ковырнул ногтем еще мыла и сунул его в рот бедной женщине.

Я побежал в избу к становому. Становой сидел у раскольницы Меланьи и благодушествовал с нею за наливкой.

– Милости просим, господин честной! – сказала мне подгулявшая Меланья.

Я рассказал становому об истязании бабы и просил его идти и отнять ее. Он махнул рукой и предложил мне наливки.

– Они, – говорит, – свое дело знают; сами разберутся.

Я настаивал. Становой послал на погост десятского, а сам налил новый стаканчик и сказал мне:

– То-то, господа! ведь это ваше самоуправление. Чего ж вы к нам ходите? – Самоуправление и самоуправство, по его мнению, одно и то же.

Прежний Настин барин умер, и Маша умерла по двенадцатому году; ее уморили в пансионе во время повального скарлатина. Старшая ее сестрица напоминает Ольгу Ларину[18]: «полна, бела, лицом кругла, как эта глупая луна на этом глупом небосклоне». Матушка не видит дочерней пустоты и без ума от тех, кто хвалит ее «нещечко». Зато Машин братишка, Миша, отличный мальчик. Ему теперь четырнадцать лет, и он учится в губернской гимназии. В его лета мы и не думали о том, о чем он говорит сознательно, без фраз, без аффектаций. Училища не боится, как мы его боялись. Рассказывает, что у них уж не бьют учеников, как, бывало, нас все, от Петра Андреевича Аз-на[19], нашего инспектора, до его наперсника сторожа Леонова, которого Петр Андреевич не отделял от себя и, приглашая учеников «в канцелярию», говорил обыкновенно: «Пойдем, мы с Леоновым восписуем тя». Теперь Миша с восторгом говорит о некоторых учителях; а мы ни одного из своих учителей терпеть не могли и не упускали случая сделать им что-нибудь назло. Учителей Миша любит вовсе не за послабления и не за баловство.

– Вот, – говорит он, – учитель русской словесности: какая душа! Умный, добрый, народ любит и все нам про народ рассказывает.

---

[18] …напоминает Ольгу Ларину и т. д. – цитата из «Евгения Онегина» (глава III, строфа V).

[19] …от Петра Андреевича Аз-на. – Имеется в виду инспектор орловской гимназии П. А. Азбукин (А. Лесков. Жизнь Николая Лескова, М., 1954, стр. 72).

– А ты любишь народ? – спросил я Мишу.

– Разумеется. Кто же не любит народа?

– Ну, есть люди, что и не любят.

– У нас весь класс любит. Мы все дали друг другу слово целые каникулы учить мальчиков.

– И ты учишь?

– Учу.

– Хорошо учатся?

– О, как скоро! как понятливо!

– Ты, значит, доволен своими учениками?

– Я? Да, я доволен, только…

Нас позвали ужинать.

Когда я лег спать на диване в Мишиной комнате, он, раздевшись, достал из деревянного сундука печатный листок и, севши у меня в ногах, спросил:

– Вы знаете эти стишки Майкова?

– Какие? прочитай.

Мальчик начал читать «Ниву». Он читал с большим воодушевлением. На половине стихотворения у Миши начал дрожать голос, и он с глазами, полными чистых юношеских слез, дочел:

О боже! Ты даешь для родины моей
Тепло и урожай – дары святые неба;
Но, хлебом золотя простор ее полей,
Ей также, господи, духовного дай хлеба!
Уже над нивою, где мысли семена
Тобой насажены, повеяла весна,
И непогодами не сгубленные зерна
Пустили свежие ростки свои проворно:
О, дай нам солнышка! Пошли ты ведра нам,
Чтоб вызрел их побег по тучным бороздам!
Чтоб нам, хоть опершись на внуков, стариками
Прийти на тучные их нивы подышать
И, позабыв, что их мы полили слезами,
Промолвить: «Господи! какая благодать!»

Мы с Мишей крепко пожали друг другу руки, поцеловались и расстались на другой день большими приятелями.

105

ВОИТЕЛЬНИЦА

Вся жизнь моя была досель
Нравоучительною школой,
И смерть есть новый в ней урок.
Ап. Майков[20]

1

— Э, ге-ге-ге! Нет, уж ты, батюшка мой, со мной, сделай милость, не спорь!

— Да отчего это, Домна Платоновна, не спорить-то? Что вы это, в самом деле, за привычку себе взяли, что никто против вас уж и слова не смей пикнуть?

— Нет, это не я, а вы-то все что себе за привычки позволяете, что обо всем сейчас готовы спорить! Погоди еще, брат, поживи с мое, да тогда и спорь; а пока человек жил мало или всех петербургских обстоятельств как следует не понимает, так ему — мой совет — сидеть да слушать, что говорят другие, которые постарше и эти обстоятельства знают.

Этак каждый раз останавливала меня моя добрая приятельница, кружевница Домна Платоновна, когда я в чем-нибудь не соглашался с ее мнениями о свете и людях. Этак же она останавливала и всякого другого из своих знакомых, если кто из них как-нибудь дерзал выражать какие-нибудь свои замечания, несогласные с убеждениями Домны Платоновны. А знакомство у Домны Платоновны было самое обширное, по собственному ее выражению даже "необъятное", и притом самое разнокалиберное. Приказчики, графы, князья, камер-лакеи, кухмистеры, актеры и купцы именитые — словом, всякого звания и всякой породы были у Домны Платоновны знакомые, а что про женский пол, так о нем и говорить нечего. Домна Платоновна женским полом даже никогда не хвалилась.

— Женский пол, — говорила она, когда так уже к слову выпадет, — мне вот как он мне весь известен!

При этом Домна Платоновна сожмет, бывало, горсть и показывает.

---

[20] . Эпиграф: слова Сенеки из I части драмы А. Майкова "Люций".

— Вот он, — говорит, — женский-то пол где у меня, весь в одном суставе сидит.

Столь обширное и разнообразное знакомство Домны Платоновны, составленное ею в таком городе, как Петербург, было для многих предметом крайнего удивления, и эти многие даже с некоторым благоговейным страхом спрашивали:

— Домна Платоновна! как это вы, матушка?..

— Что такое?

— Да что — вы со всеми знакомы?

— Да, мой друг, со всеми; почти решительно со всеми.

— Какими же это случаями и по какой причине...

— А все своей простотой, решительно одной простотой, — отвечает Домна Платоновна.

— Будто одной простотой!

— Да, друг мой, все меня любят, потому что я проста необыкновенно, и через эту свою простоту да через добрость много я на свете видела всякого горя; много я обид приняла; много клеветы всяческой оттерпела и не раз даже, сказать тебе, была бита, чтобы так не очень бита, но в конце всего люди любят.

— Ну, уж за то же и свет вы хорошо знаете.

— А уж что, мой друг, свет этот подлый я знаю, так точно знаю. На ладонке вот теперь, кажется, каждую шельму вижу. Только опять тебе скажу — нет... — добавит, смущаясь и задумываясь, Домна Платоновна.

— Что ж еще такое?

— А то, друг мой, — отвечает она, вздохнувши, — что нынче все новое выдумывают, и еще больше всякий человек ухитряется.

— Как же и чем он ухитряется, Домна Платоновна?

— А так и ухитряется, что ты его нынче, человека-то, с головы поймаешь, а он, гляди, к тебе с ног подходит. Удивительно это даже, ей-богу, как это сколько пошло обманов да выдумок: один так выдумывает, а другой еще лучше того превзойти хочет.

— Будто уж таки везде один обман на свете, Домна Платоновна?

— Да уж нечего тебе со мною спорить: на чем же, по-твоему, нынешний свет-то стоит? — на обмане да на лукавстве.

— Ну есть же все-таки и добрые люди на свете.

— На кладбищах, между родителей, может быть, есть и добрые; ну, только проку-то по них мало; а что уж из живой-то из всей нынешней сволочи — все одно качество: отврат да и только.

— Что ж это так, Домна Платоновна, по-вашему выходит, что все уж теперь плут на плуте и никому уж и верить нельзя?

— А ведь это, батюшка, никому не запрещено, верить-то; верь, сделай

107

одолжение, если тебя охота берет. Я вон генеральше Шемельфеник верила; двадцать семь аршин кружевов ей поверила, да пришла анамедни, говорю: "Старый должок, ваше превосходительство, позвольте получить", а она говорит: "Я тебе отдала". – "Никак нет, – говорю, – никогда я от вас этих денег не получала", а она еще как крикнет: "Как ты, – говорит, – смеешь, мерзавка, мне так" отвечать? Вон ее!" – говорит. Лакей меня сейчас ту ж минуту под ручки, да и на солнышко, да еще штучку кружевцов там позабыла (спасибо, дешевенькие). Вот ты им и верь.

– Ну, что ж, – говорю, – ведь это одна ж такая!

– Одна! нет, батюшка, не одна, а легион им имя-то сказывается. Это ведь в первые времена-то, как крестьяне у дворян были, ну точно, что в тогдашнее время воровство будто до низкого сословия все больше принадлежало; а как нонче, когда крестьян не стало, господа и сами тоже этим ничуть не гнушаются. Всем ведь известно, какое лицо на бале бриллиантовое колье сфендрил... Да, милый, да, нынче никто не спускает. Вон тоже Караупова Авдотья Петровна, поглядеть на нее, чем не барыня? а воротничок на даче у меня в глазах украла.

– Как, – говорю, – украла? Что вы это! Матушка Домна Платоновна, вспомните, что вы говорите-то? Как это даме красть?

– А так себе просто; как крадут, так и украла. Еще ты то скажи, что я это ту ж самую минуту заметила и вежливо, политично ей говорю: "Извините, – говорю, – сударыня, не обронила ли я здесь воротничка, потому что воротничка, – говорю, – одного нет". Так она сейчас на эти слова хвать меня по наружности и отпечатала. "Вывесть ее!" – говорит лакею; очень просто – и вывели. Говорю лакею: "Милостивый государь! сам ты, – говорю, – служащий человек, сам, – сказываю, – посуди, голубчик, ведь свое, ведь жалко мне!" А он мне в ответ: "Что, – говорит, – жалко, когда у нее привычка такая!" Вот тебе только всего и сказу. Она теперь в своем звании всякие привычки себе позволяет, а ты, бедный человек, молчи.

– И что же вы изо всего этого, Домна Платоновна, выводите?

– А что, батюшка, мне выводить! Не мое дело никого выводить, когда меня самое выводят; а что народ плут и весь плутом взялся, против этого ты со мной, пожалуйста, лучше не спорь, потому я уж, слава тебе господи, я нонче только взгляну на человека, так вижу, что он в себе замыкает.

И попробовали бы вы после этого Домне Платоновне возражать! Нет, уж какой вы там ни будьте диалектик, а уж Домна Платоновна вас все-таки переспорит; ничем ее не убедите. Одно разве: приказали бы ее вывести, ну, тогда другое дело, а то непременно переспорит.

2

Я непременно должен отрекомендовать моим читателям Домну Платоновну как можно подробнее.

Домна Платоновна росту невысокого, и даже очень невысокого, а скорее совсем низенькая, но всем она показывается человеком крупным. Этот оптический обман происходит оттого, что Домна Платоновна, как говорят, впоперек себя шире, и чем вверх не доросла, тем вширь берет. Здоровьем она не хвалится, хотя никто ее больною не помнит и на вид она гора горою ходит; одна грудь так такое из себя представляет, что даже ужасно, а сама она, Домна Платоновна, все жалуется.

— Дама я, — говорит, — из себя хотя, точно, полная, по настоящей крепости во мне, как в других прочих, никакой нет, и сон у меня самый страшный сан — аридов[21]. Чуть я лягу, сейчас он меня сморит, и хоть ты после этого возьми меня да воробьям на путало выставь, пока вволю не высплюсь — ничего не почувствую.

Могучий сон свой Домна Платоновна также считала одним из недугов своего полного тела и, как ниже увидим, немало от него перенесла горестей и несчастий.

Домна Платоновна очень любила прибегать к медицинским советам и в подробности описывать свои немощи, но лекарств не принимала и верила в одни только гарлемские капли, которые называла "гаремскими каплями" и пузыречек с которыми постоянно носила в правом кармане своего шелкового капота. Лет Домне Платоновне, по ее собственному показанию, все вертелось около сорока пяти, но по свежему ее и бодрому виду ей никак нельзя было дать более сорока. Волосы у Домны Платоновны в пору первого моего с нею знакомства были темно-коричневые — седого тогда еще ни одного не было заметно. Лицо у нее белое, щеки покрыты здоровым румянцем, которым, впрочем, Домна Платоновна не довольствуется и еще покупает в Пассаже, по верхней галерее, такие французские карточки, которыми усиливает свой природный румянец, не поддавшийся до сих пор никаким горестям, ни финским ветрам и туманам. Брови у Домны Платоновны словно как будто из черного атласа наложены: черны несказанно и блестят ненатуральным блеском, потому что Домна Платоновна сильно наводит их черным фиксатуаром и вытягивает между пальчиками в шнурочек. Глаза у нее как есть две черные сливы, окрапленные возбудительною утреннею росою.

---

[21] Арид — библейский патриарх, проживший очень долгую жизнь (отсюда "аридовы веки").

Один наш общий знакомый, пленный турок Испулат, привезенный сюда во время Крымской войны, никак не мог спокойно созерцать глаза Домны Платоновны. Так, бывало, и заколотится, как бесноватый, так и закричит:

– Ай грецкая глаза, совсем грецкая!

Другая на месте Домны Платоновны, разумеется, за честь бы себе такой отзыв поставила; но Домна Платоновна никогда на эту турецкую лесть не поддавалась и всегда горячо отстаивала свое непогрешимо русское происхождение.

– Врешь ты, рожа твоя некрещеная! врешь, лягушка ты пузастая! – отвечает она, бывало, весело турку. – Я своего собственного поколения известного; да и у нас в своем месте даже и греков-то этих в заводе совсем нет, и никогда их там не было.

Нос у Домны Платоновны был не нос, а носик, такой небольшой, стройненький и пряменький, какие только ошибкой иногда зарождаются на Оке и на Зуше. Рот у нее был-таки великонек: видно было, что круглою ложкою в детстве кушала; но рот был приятный, такой свеженький, очертание правильное, губки алые, зубы как из молодой редьки вырезаны – одним словом, даже и не на острове необитаемом, а еще даже и среди града многолюдного с Домной Платоновной поцеловаться охотнику до поцелуев было весьма незлоключительно. Но высшую прелесть лица Домны Платоновны, бесспорно, составляли ее персиковый подбородок и общее выражение, до того мягкое и детское, что если бы вас когда-нибудь взяла охота поразмыслить: как таки, при этой бездне простодушия, разлитой по всему лицу Домны Платоновны, с языка ее постоянно не сходит речь о людском ехидстве и злобе? – так вы бы непременно сказали себе: будь ты, однако. Домна Платоновна, совсем от меня проклята, потому что черт тебя знает, какие мне по твоей милости задачи приходят!

Нрава Домна Платоновна была самого общительного, веселого, доброго, необидчивого и простодушно-суеверного. Характер у нее был мягкий и сговорчивый; натура в основании своем честная и довольно прямая, хотя, разумеется, была у нее, как у русского человека, и маленькая лукавинка. Труд и хлопоты были сферою, в которой Домна Платоновна жила безвыходно. Она вечно суетилась, вечно куда-то бежала, о чем-то думала, что-то такое соображала или приводила в исполнение.

– На свете я живу одним-одна, одною своею душенькой, ну а все-таки жизнь, для своего пропитания, веду самую прекратительную, – говорила Домна Платоновна. – Мычусь я, как угорелая кошка по базару; и если не один, то другой меня за хвост беспрестанно так и ловят.

– Всех дел ведь сразу не переделаете, – скажешь ей, бывало.

– Ну, всех, хоть не всех, – отвечает, – а все же ведь ужасно это как, я тебе скажу, отяготительно, а пока что прощай – до свиданья: люди ждут, в семи местах ждут, – и сама действительно так и побежит скороходью.

110

Домна Платоновна нередко и сама сознавала, что она не всегда трудится для своего единого пропитания и что отяготительные труды ее и ее прекратительная жизнь могли бы быть значительно облегчены без всякого ущерба ее прямым интересам; но никак она не могла воздержать свою хлопотливость.

— Завистна уж я очень на дело; сердце мое даже взыграет, как вижу дело какое есть.

Завистна Домна Платоновна именно была только на хлопоты, а не на плату. К заработку своему, напротив, она иногда относилась с каким-то удивительным равнодушием.

"Обманул, варвар!" или "обманула, варварка!", бывало, только от нее и слышишь, а глядишь, уж и опять она бегает и распинается для того же варвара и для той же варварки, вперед предсказывая самой себе, что они и опять непременно надуют.

Хлопоты у Домны Платоновны были самые разнообразные. Официально она точно была только кружевница, то есть мещанки, бедные купчихи и поповны насылали ей "из своего места" разные воротнички, кружева и манжеты: она продавала эти произведения вразнос по Петербургу, а летом по дачам, и вырученные деньги, за удержанием своих процентов и лишков высылала "в свое место". Но, кроме кружевной торговли, у Домны Платоновны были еще другие приватные дела, при орудовании которых кружева и воротнички играли только роль пропускного вида.

Домна Платоновна сватала, приискивала женихов невестам, невест женихам; находила покупщиков на мебель, на надеванные дамские платья; отыскивала деньги под заклады и без закладов; ставила людей на места вкупно от гувернерских до дворнических и лакейских; заносила записочки в самые известные салоны и будуары, куда городская почта и подумать не смеет проникнуть, и приносила ответы от таких дам, от которых несет только крещенским холодом и благочестием.

Но, несмотря на все свое досужество и связи. Домна Платоновна, однако, не озолотилась и не осеребрилась. Жила она в достатке, одевалась, по собственному ее выражению, "поважно" и в куске себе не отказывала, но денег все-таки не имела, потому что, во-первых, очень она зарывалась своей завистностью к хлопотам и часто ее добрые люди обманывали, а потом и с самыми деньгами у нее выходили какие-то мудреные оказии.

Главное дело, что Домна Платоновна была художница — увлекалась своими произведениями. Хотя она рассказывала, что все это она трудится из-за хлеба насущного, но все-таки это было несправедливо. Домна Платоновна любила свое дело как артистка: скомпоновать, собрать, состряпать и полюбоваться делами рук своих — вот что было главное, и за

111

этим просматривались и деньги и всякие другие выгоды, которых особа более реалистическая ни за что бы не просмотрела.

Впала в свою колею Домна Платоновна ненароком. Сначала она смиренно таскала свои кружева и вовсе не помышляла о сопряжении с этим промыслом каких бы то ни было других занятий; но столица волшебная преобразила нелепую мценскую бабу в того тонкого фактотума[22], каким я знавал драгоценную Домну Платоновну.

Стала Домна Платоновна смекать на все стороны и проникать всюду. Пошло это у нее так, что не проникнуть куда бы то ни было Домне Платоновне было даже невозможно: всегда у нее на рученьке вышитый саквояж с кружевами, сама она в новеньком шелковом капоте; на шее кружевной воротничок с большими городками, на плечах голубая французская шаль с белою каймою; в свободной руке белый, как кипень, голландский платочек, а на голове либо фиолетовая, либо серизовая гроденаплевая[23] повязочка, ну, одним словом, прелесть дама. А лицо! – само смиренство и благочестие. Лицом своим Домна Платоновна умела владеть, как ей угодно.

– Без этого, – говорила она, – никак в нашем деле и невозможно: надо виду не показать, что ты Ананья или каналья.

К тому же и обращение у Домны Платоновны было тонкое. Ни за что, бывало, она в гостиной не скажет, как другие, что "была, дескать, я во всенародной бане", а выразится, что "имела я, сударь, счастие вчера быть в бестелесном маскараде"; о беременной женщине ни за что не брякнет, как другие, что она, дескать, беременна, а скажет: "она в своем марьяжном интересе", и тому подобное.

Вообще была дама с обращением и, где следовало, умела задать тону своей образованностью. Но, при всем этом, надо правду сказать, Домна Платоновна никогда не заносилась и была, что называется, своему отечеству патриотка. По узости политического горизонта Домны Платоновны и самый патриотизм ее был самый узкий, то есть она считала себя обязанною хвалить всем Орловскую губернию и всячески привечать и обласкивать каждого человека "из своего места".

– Скажи ты мне, – говорила она, – что это такое значит: знаю ведь я, что наши орловцы первые на всем свете воры и мошенники; ну, а все какой ты ни будь шельма из своего места, будь ты хуже турки Испулатки лупоглазого, а я его не брошу и ни на какого самого честного из другой губернии променять не согласна?

---

[22] Фактотум (от лат. fac totum – делай все) – лицо, беспрекословно выполняющее чьи-либо поручения.

[23] Серизовая (от франц.) – вишневого цвета. Гроденаплевая – шелковая ткань, которую впервые стали вырабатывать в г. Неаполе.

Я ей на это отвечать не умел. Только, бывало, оба удивляемся:

— Отчего это в самом деле?

3

Мое знакомство с Домной Платоновной началось по пустому поводу. Жил я как-то на квартире у одной полковницы, которая говорила на шести европейских языках, не считая польского, на который она сбивалась со всякого. Домна Платоновна знала ужасно много таких полковниц в Петербурге и почти для всех их обделывала самые разнообразные делишки: сердечные, карманные и совокупно карманно-сердечные и сердечно-карманные. Моя полковница была, впрочем, действительно дама образованная, знала свет, держала себя как нельзя приличнее, умела представить, что уважает в людях их прямые человеческие достоинства, много читала, приходила в неподдельный восторг" от поэтов и любила декламировать из "Марии" Мальчевского:

Bo na tym swiecie smierc wszystko zmiecie,
Robak sie legnie i w bujnym kwiecie[24]

Я видел Домну Платоновну первый раз у своей полковницы. Дело было вечером; я сидел и пил чай, а полковница декламировала мне:

Bo na tym swiecie smierc wszystko zmiecie,
Robak sie legnie i w bujnym kwiecie.

Домна Платоновна вошла, помолилась богу, у самых дверей поклонилась на все стороны (хотя, кроме нас двух, в комнате никого и не было), положила на стол свой саквояж и сказала:

— Ну вот, мир вам, и я к вам!

В этот раз на Домне Платоновне был шелковый коричневый капот, воротничок с язычками, голубая французская шаль и серизовая гроденаплевая повязочка, словом весь ее мундир, в котором читатели и имеют представлять ее теперь своему художественному воображению.

---

[24] Потому что на этом свете смерть все уничтожит,

И в пышном цветке гнездится червяк — пер. авт..

Полковница моя очень ей обрадовалась и в то же время при появлении ее будто немножко покраснела, но приветствовала Домну Платоновну дружески, хотя и с немалым тактом.

– Что это вас давно не видно было, Домна Платоновна? – спрашивала ее полковница.

– Все, матушка, дела, – отвечала, усаживаясь и осматривая меня, Домна Платоновна.

– Какие у вас дела!

– Да ведь вот тебе, да другой такой-то, да третьей, всем вам кортит[25], всем и угодить надо; вот тебе и дела.

– Ну, а то дело, о котором ты меня просила-то, помнишь... – начала Домна Платоновна, хлебнув чайку. – Была я намедни... и говорила...

Я встал проститься и ушел.

Только всего и встречи моей было с Домной Платоновной. Кажется, знакомству бы с этого завязаться весьма трудно, а оно, однако, завязалось.

Сижу я раз после этого случая дома, а кто-то стук-стук-стук в двери.

– Войдите, – отвечаю, не оборачиваясь.

Слышу, что-то широкое вползло и ворочается. Оглянулся – Домна Платоновна.

– Где ж, – говорит, – милостивый государь, у тебя здесь образ висит?

– Вон, – говорю, – в угле, над шторой.

– Польский образ или наш, христианский? – опять спрашивает, приподнимая потихоньку руку.

– Образ, – отвечаю, – кажется, русский.

Домна Платоновна покрыла глаза горсточкой, долго всматривалась в образ и наконец махнула рукою – дескать: "все равно!" – и помолилась.

– А узелочек мой, – говорит, – где можно положить? – и оглядывается.

– Положите, – говорю, – где вам понравится.

– Вот тут-то, – отвечает, – на диване его пока положу.

Положила саквояж на диван и сама села.

"Милый гость, – думаю себе, – бесцеремонливый".

– Этакие нынче образки маленькие, – начала Домна Платоновна, – в моду пошли, что ничего и не рассмотришь. Во всех это у аристократов все маленькие образки. Как это нехорошо.

– Чем же это вам так не нравится?

– Да как же: ведь это, значит, они бога прячут, чтоб совсем и не найти его.

Я промолчал.

---

[25] Кортит – не терпится.

– Да право, – продолжала Домна Платоновна, – образ должен быть в свою меру.

– Какая же, – говорю, – мера, Домна Платоновна, на образ установлена? – и сам, знаете, вдруг стал чувствовать себя с ней как со старой знакомой.

– А как же! – возговорила Домна Платоновна, – посмотри-ка ты, милый друг, у купцов: у них всегда образ в своем виде, ланпад и сияние... все это как должно. А это значит, господа сами от бога бежат, и бог от них далече. Вот нынче на святой была я у одной генеральши... и при мне камердинер ее входит и докладывает, что священники, говорит, пришли.

"Отказать", – говорит.

"Зачем, – говорю ей, – не отказывайте – грех".

"Не люблю, – говорит, – я попов".

Ну что ж, ее, разумеется, воля; пожалуй себе отказывай, только ведь ты не любить посланного; а тебя и пославший любить не будет.

– Вон, – говорю, – какая вы. Домна Платоновна, рассудительная!

– А нельзя, – отвечает, – мой друг, нынче без рассуждения. Что ты сколько за эту комнату платишь?

– Двадцать пять рублей.

– Дорого.

– Да и мне кажется дорого.

– Да что ж, – говорит, – не переедешь?

– Так, – говорю, – возиться не хочется.

– Хозяйка хороша.

– Нет, полноте, – говорю, – что вы там с хозяйкой.

– Ц-ты! Говори-ка, брат, кому-нибудь другому, да не мне; я знаю, какие все вы, шельмы.

"Ничего, – думаю, – отлично ты, гостья дорогая, выражаешься".

– Они, впрочем, полячки-то эти, ловкие тоже, – продолжала, зевнув и крестя рот, Домна Платоновна, – они это с рассуждением делают.

– Напрасно, – говорю, – вы Домна Платоновна, так о Моей хозяйке думаете: она женщина честная.

– Да тут, друг милый, и бесчестия ей никакого нет; она человек молодой.

– Речи ваши, – говорю, – Домна Платоновна, умные и справедливые, но только я-то тут ни при чем.

– Ну, был ни при чем, стал городничОм; знаю уж я эти петербургские обстоятельства, и мне толковать про них нечего.

"И вправду, – думаю, – тебя, матушка, не разуверишь".

– А ты ей помогай – плати, мол, за квартиру-то, – говорила Домна Платоновна, пригинаясь ко мне и ударяя меня слегка по плечу.

– Да как же, – говорю – не платить?

– А так – знаешь, ваш брат, как осетит нашу сестру, так и норовит сейчас все на ее счет...

– Полноте, что это вы! – останавливаю Домну Платоновну.

– Да, дружок, наша-то сестра, особенно русская, в любви-то куда ведь она глупа; "на, мой сокол, тебе", готова и мясо с костей срезать да отдать; а ваш брат шаматон этим и пользуется.

– Да полноте вы, Домна Платоновна, какой я ей любовник.

– Нет, а ты ее жалей. Ведь если так-то посудить, ведь жалка, ей-богу же, друг мой, жалка наша сестра! Нашу сестру уж как бы надо было бить да драть, чтоб она от вас, поганцев, подальше береглась. И что это такое, скажи ты, за мудрено сотворено, что мир весь этими соглядатаями, мужчинами преисполнен!.. На что они? А опять посмотришь, и без них все будто как скучно; как будто под иную пору словно тебе и недостает чего. Черта в стуле, вот чего недостает! – рассердилась Домна Платоновна, плюнула и продолжала: – Я вон так-то раз прихожу к полковнице Домуховской... не знавал ты ее?

– Нет, – говорю, – не знавал.

– Красавица.

– Не знаю.

– Из полячек.

– Так что ж, – говорю, – разве я всех полячек по Петербургу знаю?

– Да она не из самых настоящих полячек, а крещеная – нашей веры!

– Ну, вот и знай ее, какая такая есть госпожа Домуховская не из самых полячек, а нашей веры. Не знаю, – говорю, – Домна Платоновна; решительно не знаю.

– Муж у нее доктор.

– А она полковница?

– А тебе это в диковину, что ль?

– Ну-с, ничего, – говорю, – что же дальше?

– Так она с мужем-то с своим, понимаешь, попштыкалась.

– Как это попштыкалась?

– Ну, будто не знаешь, как, значит, в чем-нибудь не уговорились, да сейчас пшик-пшик, да и в разные стороны. Так и сделала эта Леканидка.

"Очень, – говорит, – Домна Платоновна, он у меня нравен".

Я слушаю да головой качаю.

"Капризов, – говорит, – я его сносить не могу; нервы мои, – говорит, – не выносят".

Я опять головой качаю. "Что это, – думаю, – у них нервы за стервы, и отчего у нас этих нервов нет?"

Прошло этак с месяц, смотрю, смотрю – моя барыня квартиру сняла: "Жильцов, – говорит, – буду пущать".

"Ну что ж, — думаю, — надоело играть косточкой, покатай желвачок; не умела жить за мужней головой, так поживи за своей: пригонит нужа и к поганой луже, да еще будешь пить да похваливать".

Прихожу к ней опять через месяц, гляжу — жилец у нее есть, такой из себя мужчина видный, ну только худой и этак немножко осповат.

"Ах, — говорит, — Домна Платоновна, какого мне бог жильца послал — деликатный, образованный и добрый такой, всеми моими делами занимается".

"Ну, деликатиться-то, мол, они нынче все уж, матушка, выучились, а когда во все твои дела уж он взошел, так и на что ж того и законней?"

Я это смеюсь, а она, смотрю, пых-пых, да и спламенела.

Ну, мой суд такой, что всяк себе как знает, а что если только добрый человек, так и умные люди не осудят и бог простит. Заходила я потом еще раза два, все застаю: сидит она у себя в каморке да плачет.

"Что так, — говорю, — мать, что рано соленой водой умываться стала?"

"Ах, — говорит, — Домна Платоновна, горе мое такое", — да и замолчала.

"Что, мол, — говорю, — такое за горе? Иль живую рыбку съела?"

"Нет, — говорит, — ничего такого, слава богу, нет".

"Ну, а нет, — говорю, — так все другое пустяки".

"Денег у меня ни грошика нет".

"Ну, это, — думаю, — уж действительно дрянь дело; но знаю я, что человека в такое время не надо печалить".

"Денег, — говорю, — нет — перед деньгами. А жильцы ж твои?" — спрашиваю.

"Один, — говорит, — заплатил, а то пустые две комнаты".

"Вот уж эта мерзость запустения, — говорю, — в вашем деле всего хуже. Ну, а дружок-то твой?" Так уж, знаешь, без церемонии это ее спрашиваю.

Молчит, плачет. Жаль мне ее стало: слабая, вижу, неразумная женщина.

"Что ж, — говорю, — если он наглец какой, так и вон его".

Плачет на эти слова, ажно платок мокрый за кончики зубами щипет.

"Плакать, — говорю, — тебе нечего и убиваться из-за них, из-за поганцев, тоже не стоит, а что отказала ему, да только всего и разговора, и найдем себе такого, что и любовь будет и помощь; не будешь так-то зубами щелкать да убиваться". А она руками замахала: "Не надо! не надо! не надо!" — да сама кинулась в постель головой, в подушки, и надрывается, ажно как спинка в платье не лопнет. У меня на то время был один тоже знакомый купец (отец у него по Суровской линии свой магазин имеет), и просил он меня очень: "Познакомь, — говорит, — ты меня, Домна Платоновна, с какой-нибудь барышней, или хоть и с дамой, но только чтоб очень образованная была. Терпеть, — говорит, — не могу необразованных". И поверить можно, потому и отец у них, и все мужчины в семье все как есть на дурах женаты, и у этого-то тоже жена дурища — все, когда ни приди, сидит да печатаные пряники ест.

"На что, — думаю, — было бы лучше желать и требовать, как эту Леканиду суютить с ним". Но, вижу, еще глупа — я и оставила ее: пусть дойдет на солнце!

Месяца два я у нее не была. Хоть и жаль было мне ее, но что, думала себе, когда своего разума нет и сам человек ничем кругом себя ограничить не понимает, так уж ему не поможешь.

Но о спажинках[26] была я в их доме; кружевцов немного продала, и вдруг мне что-то кофию захотелось, и страсть как захотелось. Дай, думаю, зайду к Домуховской, к Леканиде Петровне, напьюсь у нее кофию. Иду это по черной лестнице, отворяю дверь на кухню — никого нет. Ишь, говорю, как живут откровенно — бери что хочешь, потому и самовар и кастрюли, все, вижу, на полках стоит.

Да только что этак-то подумала, иду по коридору и слышу, что-то хлоп-хлоп, хлоп-хлоп. Ах ты боже мой! что это? — думаю. Скажите пожалуйста, что это такое? Отворяю дверь в ее комнату, а он, этот приятель-то ее добрый — из актеров он был, и даже немаловажный актер — артист назывался; ну-с, держит он, сударь, ее одною рукою за руку, а в другой нагайка.

"Варвар! варвар! — закричала я на него, — что ты это, варвар, над женщиной делаешь!" — да сама-то, знаешь, промеж них, саквояжем-то своим накрываюсь, да промеж них-то. Вот ведь что вы, злодеи, над нашей сестрой делаете!

Я молчал.

— Ну, тут-то я их разняла, не стал он ее при мне больше наказывать, а она еще было и отговаривается.

"Это, — говорит, — вы не думайте, Домна Платоновна; это он шутил".

"Ладно, — говорю, — матушка; бочка-то, гляди, в платье от его шутилки не потрескались ли". Однако жили опять; все он у нее стоял на квартире, только ничего ей, мошенник, ни грошика не платил.

— Тем и кончилось?

— Ну, нет; через несколько времени пошел у них опять карамболь[27], пошел он ее опять что день трепать, а тут она какую-то жиличку еще к себе, приезжую бары́ньку из купчих, приняла. Чай, ведь сам знаешь, наши

---

[26] Спажинки (спожинки) — пост накануне успенья (15 августа); праздник жатвы.

[27] Карамболь — термин в биллиардной игре: удар шаром по двум другим шарам с рикошета.

купчихи, как из дому вырвутся, на это дело препростые... Ну он ко всему же к прежнему да еще почал с этой жиличкой амуриться – пошло у них теперь такое, что я даже и ходить перестала.

"Бог с вами совсем! живите, – думаю, – как хотите".

Только тринадцатого сентября, под самое воздвиженье честнаго и животворящего креста, пошла я к Знаменью, ко всенощной. Отстояла всенощную, выхожу и в самом притворе на паперти, гляжу – эта самая Леканида Петровна. Жалкая такая, бурнусишко старенький, стоит на коленочках в уголочке и плачет. Опять меня взяла на нее жалость.

"Здравствуй, – говорю, – Леканида Петровна!"

"Ах, душечка, – говорит, – моя, Домна Платоновна, такая-сякая немазаная! Сам бог, – говорит, – мне вас послал", – а сама так вот ручьями слез горьких и заливается.

"Ну, – я говорю, – бог, матушка, меня не посылал, потому что бог ангелов бесплотных посылает, а я человек в свою меру грешный; но ты все-таки не плачь, а пойдем куда-нибудь под насесть сядем, расскажи мне свое горе; может, чем-нибудь надумаемся и поможем".

Пошли.

"Что варвар твой, что ли, опять над тобой что сделал?" – спрашиваю ее.

"Никого, – говорит, – никакого варвара у меня нет".

"Да куда же это ты идешь?" – говорю, потому квартира ее была в Шестилавочной, а она, смотрю, на Грязную заворачивает.

Слово по слову, и раскрылось тут все дело, что квартиры уж у нее нет: мебелишку, какая была у нее, хозяин за долг забрал; дружок ее пропал – да и хорошо сделал, – а живет она в каморочке, у Авдотьи Ивановны Дислен. Такая эта подлая Авдотья Ивановна, даром что майорская она дочь и дворянством своим величается, ну, а преподлая-подлая. Чуть я за нее, за негодяйку, один раз в квартал не попала по своей простоте по дурацкой. "Ну, только, – говорю я Леканиде Петровне, – я эту Дисленьшу, мой друг, очень знаю – это первая мошенница".

"Что ж, – говорит, – делать! Голубочка Домна Платоновна, что же делать?"

Ручонки-то, гляжу, свои ломит, ломит, инда даже смотреть жалко, как она их коверкает.

"Зайдите, – говорит, – ко мне".

"Нет, – говорю, – душечка, мне тебя хоша и очень жаль, но я к тебе в Дисленьшину квартиру не пойду – я за нее, за бездельницу, и так один раз чуть в квартал не попала, а лучше, если есть твое желание со мной поговорить, ты сама ко мне зайди".

Пришла она ко мне: я ее напоила чайком, обогрела, почавкали с нею, что бог послал на ужин, и спать ее с собой уложила. Довольно с тебя этого?

Я кивнул утвердительно головою.

– Ночью-то что я еще через нее страху имела! Лежит-лежит она, да вдруг вскочит, сядет на постели, бьет себя в грудь. "Голубочка, – говорит, – моя, Домна Платоновна! Что мне с собой делать?"

Какой час, уж вижу, поздний. "Полно, – говорю, – себе убиваться, – спи. Завтра подумаем".

"Ах, – говорит, – не спится мне, не спится мне. Домна Платоновна".

Ну, а мне спать смерть как хочется, потому у меня сон необыкновенно какой крепкий.

Проспала я этак до своего часу и прокинулась. Я прокинулась, а она, гляжу, в одной рубашоночке сидит на стуле, ножонки под себя подобрала и папироску курит. Такая беленькая, хорошенькая да нежненькая – точно вот пух в атласе.

"Умеешь, – спрашиваю, – самоварчик поставить?"

"Пойду, – говорит, – попробую".

Надела на себя юбчонку бумазейную и пошла в кухоньку. А мне таки тут что-то смерть не хотелось вставать. Приносит она самоваришко, сели мы чай пить, она и говорит: "Что, – говорит, – я, Домна Платоновна, надумалась?"

"Не знаю, – говорю, – душечка, чужую думку своей не раздумаешь".

"Поеду я, – говорит, – к мужу".

"На что, мол, лучше этого, как честной женой быть, когда б, – спрашиваю, – только он тебя принял?"

"Он, – говорит, – у меня добрый; я теперь вижу, что он всех добрей".

"Добрый-то, – отвечаю ей, – это хорошо, что он добрый; а скажи-ка ты мне, давно ты его покинула-то?"

"А уж скоро, – говорит, – Домна Платоновна, как с год будет".

"Да вот, мол, видишь ты, с год уж тому прошло. Это тоже, – говорю, – дамочка, время не малое".

"А что же, – спрашивает, – такое, Домна Платоновна, вы в этом полагаете?"

"Да то, – говорю, – полагаю, что не завелась ли там на твое место тоже какая-нибудь пирожная мастерица, горшечная пагубница".

"Я, – отвечает, – об этом, Домна Платоновна, и не подумала".

"То-то, мол, мать моя, и есть, что "не подумала". И все-то вот вы так-то об этом не думаете!.. А надо думать. Когда б ты подумала-то да рассудила, так, может быть, и много б чего с тобой не было".

Она таки тут ух как засмутилась! Заскребло, вижу, ее за сердчишко-то;

120

губенки свои этак кусает, да и произносит таково тихонечко: "Он, — говорит, — мне кажется, совсем не такой был".

"Ах вы, — подумала я себе, — звери вы этакие капустные! Сами козами в горах так и прыгают, а муж хоть и им негож, так и другой не трожь". Не поверишь ты, как мне это всякий раз на них досадно бывает. "Прости-ка ты меня, матушка, — сказала я ей тут-то, — а только речь твоя эта, на мой згад, ни к чему даже не пристала. Что же, — говорю, — он, твой муж, за такой за особенный, что ты говоришь: не такой он? Ни в жизнь мою никогда я этому не поверю. Все, я думаю, и он такой же самый, как и все: костяной да жильный. А ты бы, — говорю, — лучше бы вот так об этом сообразила, что ты, женщиной бымши, себя не очень-то строго соблюла, а ему, — говорю, — ничего это и в суд не поставится", — потому что ведь и в самом-то деле, хоть и ты сам, ангел мой, сообрази: мужчина что сокол: он схватил, встрепенулся, отряхнулся, да и опять лети, куда око глянет; а нашей сестре вся и дорога, что от печи до порога. Наша сестра вашему брату все равно что дураку волынка: поиграл да и кинул. Согласен ли ты с этой справедливостью?

Ничего не возражаю.

А Домна Платоновна, спасибо ей, не дождавшись, моего ответа, продолжает:

— Ну-с, вот и эта, милостивая моя государыня, наша Леканида Петровна, после таких моих слов и говорит: "Я, — говорит, — Домна Платоновна, ничего от мужа не скрою, во всем сама повинюсь и признаюсь: пусть он хоть голову мою снимет".

"Ну, это, — отвечаю, — опять тоже, по-моему, не дело, потому что мало ли какой грех был, но на что про то мужу сказывать. Что было, то прошло, а слушать ему про это за большое удовольствие не будет. А ты скрепись и виду не покажи".

"Ах, нет! — говорит, — ах, нет, я лгать не хочу".

"Мало, — говорю, — чего не хочешь! Сказывается: грех воровать, да нельзя миновать".

"Нет, нет, нет, я не хочу, не хочу! Это грех обманывать".

Зарядила свое, да и баста.

"Я, — говорит, — прежде все опишу, и если он простит — получу ответ, тогда и поеду".

"Ну, делай, мол, как знаешь; тебя, видно, милая, не научишь. Дивлюсь только, — говорю, — одному, что какой это из вас такой новый завод пошел, что на грех идете, вы тогда с мужьями не спрашиваетесь, а промолчать, прости господи, о пакостях о своих — греха боитесь. Гляди, — говорю, — бабочка, не кусать бы тебе локтя!"

Так-таки оно все на мое вышло. Написала она письмо, в котором, уж

121

бог ее знает, все объяснила, должно быть, – ответа нет. Придет, плачет-плачет – ответа нет.

"Поеду, – говорит, – сама; слугою у него буду".

Опять я подумала – и это одобряю. Она, думаю, хорошенькая, пусть хоть поперво началу какое время и погневается, а как она на глазах будет, авось опять дух, во тьме приходящий, спутает; может, и забудется. Ночная кукушка, знаешь, дневную всегда перекукует.

"Ступай, – говорю, – все ж муж, не полюбовник, все скорей смилуется".

"А где б, – говорит, – мне, Домна Платоновна, денег на дорогу достать?"

"А своих-то, – спрашиваю, – аль уж ничего нет?"

"Ни грошика, – говорит, – нет; я уж и Дисленьше должна".

"Ну, матушка, денег доставать здесь остро".

"Взгляните, – говорит, – на мои слезы".

"Что ж, – говорю, – дружок, слезы? – слезы слезами, и мне даже самой очень тебя жаль, да только Москва слезам не верит, говорит пословица. Под них денег не дадут".

Она плачет, я это тоже с нею сижу, да так промеж себя и разговариваем, а в комнату ко мне шасть вдруг этот полковник... как его зовут-то?

– Да ну, бог там с ним, как его зовут!

– Уланский, или как их это называются-то они? – инженер?

– Да бог с ним, Домна Платоновна.

– Ласточкин он, кажется, будет по фамилии, или как не Ласточкин? Так как-то птичья фамилия и не то с "люди", не то с "како" начинается...

– Ах, да оставьте вы его фамилию в покое.

– Я этак-то вот много кого: по местам сейчас тебе найду, а уж фамилию не припомню. Ну, только входит этот полковник; начинает это со мною шутить, да на ушко и спрашивает:

"Что, – говорит, – это за барышня такая?"

Она совсем барыня, ну, а он ее барышней назвал: очень она еще моложава была на вид.

Я ему отвечаю, кто она такая.

"Из провинции?" – спрашивает.

"Это, – говорю, – вы угадали – из провинции".

А он это – не то как какой ветреник или повеса – известно, человек уж в таком чине – любил, чтоб женщина была хоть и на краткое время, но не забымши свой стыд, и с правилами; ну, а наши питерские, знаешь, чай, сам, сколько у них стыда-то, а правил и еще того больше: у стриженой девки на голове волос больше, чем у них правил.

122

– Ну-с, Домна Платоновна?

"Ну, сделай, – говорит, – милость, Домна Панталоновна", – у них это, у полковых, у всех все такая привычка: не скажет: Платоновна, а Панталоновна. – "Ну-с, – говорит, – Домна Панталоновна, ничего, – говорит, – для тебя не пожалею, только ограничь ты мне это дело в порядке".

Я, знаешь, ничего ему решительного не отвечаю, а только бровями этак, понимаешь, на нее повела и даю ему мину, что, дескать, "трудно".

"Невозможно?" – говорит.

"Этого, – говорю, – я тебе, генерал мой хороший, не объясняю, потому это ее душа, ее и воля, а что хотя и не надеюсь, но попробовать я для тебя попробую".

А он сейчас мне: "Нечего, – говорит, – тут, Панталониха, словами разговаривать; вот, – говорит, – тебе пятьдесят рублей, и все их сейчас ей передай".

– И вы их, – спрашиваю, – передали?

– А ты вот лучше не забегай, а если хочешь слушать, так слушай. Рассуждаю я, взявши у него эти деньги, что хотя, точно, у нас с нею никогда разговора такого, на это похожего, не было, чтоб претекст мне такой сделать, ну только, зная эти петербургские обстоятельства, думаю: "Ох, как раз она еще, гляди, и сама рада, бедная, будет!" Выхожу я к ней в свою маленькую комнату, где мы сидели-то, и, говорю: "Ты, – говорю, – Леканида Петровна, в рубашечке, знать, родилась. Только о деньгах поговорили, а оне, – говорю, – и вот оне", да бумажку-то перед ней кладу. Она: "Кто это? как это? откуда?" – "Бог, – я говорю, – тебе послал", – говорю ей громко, а на ушко-то шепчу: "Вот этот барин, – сказываю, – за одно твое внимание тебе посылает... Прибирай, – говорю, – скорей эти деньги!"

А она, смотрю, слезы у нее по глазам и на стол кап-кап, как гороховины. С радости или с горя – никак не разберу, с чего эти слезы.

"Прибери, – говорю, – деньги-то да выдь на минутку в ту комнату, а я тут покопаюсь..." Довольно тебе кажется, как я все это для нее вдруг прекрасно устроила?

Смотрю я на Домну Платоновну: ни бровка у нее не моргнет, ни уста у нее не лукавят; вся речь ее проста, сердечна; все лицо ее выражает одно доброе желание пособить бедной женщине и страх, чтоб это внезапно подвернувшееся благодетельное событие как-нибудь не расстроилось, – страх не за себя, а за эту же несчастную Леканиду.

– Довольно тебе этого? Кажется, все, что могла, все я для нее сделала, – говорит, привскакивая и ударяя рукою по столу, Домна Платоновна, причем лицо ее вспыхивает и принимает выражение гневное. – А она,

123

мерзавка этакая! – восклицает Домна Платоновна, – она с этим самым словом – мах, безо всего, как сидела, прямо на лестницу и гу-гу-гу: во всю мочь ревет, значит. Осрамила! Я это в свой уголок скорей; он тоже за шапку да драла. Гляжу вокруг себя – вижу, и платок она свой шейный, так, мериносовый, старенький платчишко, – забыла. "Ну, постой же, – думаю, – ты, дрянь этакая! Придешь ты, гадкая, я тебе этого так не подарю". Через день, не то через два, вернулась это я к себе домой, смотрю – и она жалует. Я, хоть сердце у меня на ее невелико, потому что я вспыльчива только, а сердца долго никогда не держу, но вид такой ей даю, что сердита ужасно.

"Здравствуйте, – говорит, – Домна Платоновна".

"Здравствуй, – говорю, – матушка! За платочком, что ля, пришла? – вон твой платок".

"Я, – говорит, – Домна Платоновна, извините меня, так тогда испугалась".

"Да, – говорю ей, – покорно вас, матушка, благодарю. За мое же к вам за расположение вы такое мне наделали, что на что лучше желать-требовать".

"В перепуге, – говорит, – я была, Домна Платоновна, простите, пожалуйста".

"Мне, – отвечаю, – тебя прощать нечего, а что мой дом не такой, чтоб у меня шкандалить, бегать от меня по лестницам да визги эти свои всякие здесь поднимать. Тут, – говорю, – и жильцы благородные живут, да и хозяин, – говорю, – процентщик – к нему что минута народ идет, так он тоже этих визгов-то не захочет у себя слышать".

"Виновата я, Домна Платоновна. Сами вы посудите, такое предложение".

"Что ж ты, – говорю, – такая за особенная, что этак очень тебя предложение это оскорбило? Предложить, – говорю, – всякому это вольно, так как ты женщина нуждающая; а ведь тебя насильно никто не брал, и зевать-то, стало быть, тебе во все горло нечего было".

Простить просит.

Я ей и простила, и говорить с ней стала, и чаю чашку палила.

"Я к вам, – говорит, – Домна Платоновна, с просьбой: как бы мне денег заработать, чтоб к мужу ехать".

"Как же, мол, ты их, сударыня, заработаешь? Вот был случай, упустила, теперь сама думай; я уж ничего не придумаю. Что ж ты такое можешь работать".

"Шить, – говорит, – могу; шляпы могу делать".

"Ну, душечка, – отвечаю ей, – ты лучше об этом меня спроси; я эти петербургские обстоятельства-то лучше тебя знаю; с этой работой-то, окромя уж того, что ее, этой работы, достать негде, да и те, которые ею и давно-то занимаются и настоящие-то шитвицы, так и те, – говорю, – давно голые бы ходили, если б на одежонку себе грехом не доставали".

"Так как же, – говорит, – мне быть?" – и опять руки ломает.

"А так, – говорю, – и быть, что было бы не коробатиться; давно бы, – говорю, – уж другой бы день к супругу выехала".

И-и-их, как она опять на эти мои слова вся как вспыхнет!

"Что это, – говорит, – вы, Домна Платоновна, говорите? Разве, – говорит, – это можно, чтоб я на такие скверные дела пустилась?"

"Пускалась же, – говорю, – меня про то не спрашивалась".

Она еще больше запламенела.

"То, – говорит, – грех мой такой был, увлечение, а чтобы я, – говорит, – раскаявшись да собираясь к мужу, еще на такие подлые средства поехала – ни за что на свете!"

"Ну, ничего, – говорю, – я, матушка, твоих слов не понимаю. Никаких я тут подлостей не вижу. Мое, – говорю, – рассуждение такое, что когда если хочет себя женщина на настоящий путь поворотить, так должна она всем этим пренебрегать".

"Я, – говорит, – этим предложением пренебрегаю".

Очень, слышь, большая барыня! Так там с своим с конопастым безо всякого без пути сколько время валандалась, а тут для дела, для собственного покоя, чтоб на честную жизнь себя повернуть – шагу одного не может, видишь, ступить, минутая уж ей одна и та тяжела очень стала.

Смотрю опять на Домну Платоновну – ничего в ней нет такого, что лежит печатью на специалистках по части образования жертв "общественного недуга", а сидит передо мною баба самая простодушная и говорит свои мерзости с невозмутимою уверенностью в своей доброте и непроходимой глупости госпожи Леканидки.

– "Здесь, – говорю, – продолжает Домна Платоновна, – столица; здесь даром, матушка, никто ничего не даст и шагу-то для тебя не ступит, а не то что деньги".

Этак поговорили – она и пошла. Пошла она, и недели с две, я думаю, ее не было видно. На конец того дела является голубка вся опять в слезах и опять с своими охами да вздохами.

"Вздыхай, – говорю, – ангел мой, не вздыхай, хоть грудь надсади, но как я хорошо петербургские обстоятельства знаю, ничего тебе от твоих слез не поможется".

"Боже мой! – сказывает, – у меня уж, кажется, как глаза от слез не вылезут, голова как не треснет, грудь болит. Я уж, – говорит, – и в общества сердобольные обращалась: пороги все обила – ничего не выходила".

"Что ж, сама ж, – говорю, – виновата. Ты бы меня расспросила, что эти все общества значат. Туда, – говорю, – для того именно и ходят, чтоб только последние башмаки дотаптывать".

"Взгляните, – говорит, – сами, какая я? На что я стала похожа".

"Вижу, – отвечаю ей, – вижу, мой друг, и нимало не удивляюсь, потому горе только одного рака красит, но помочь тебе, – говорю, – ничем не могу".

С час тут-то она у меня сидела и все плакала, и даже, правду сказать, уж и надоела.

"Нечего, – говорю ей на конец того, – плакать-то: ничего от этого не поможется; а умнее сказать, надо покориться".

Смотрю, слушает с плачем и – уж не сердится.

"Ничего, – говорю, – друг любезный, не поделаешь: не ты первая, не ты будешь и последняя".

"Занять бы, – говорит, – Домна Платоновна, хоть рублей пятьдесят".

"Пятидесяти копеек, – говорю, – не займешь, а не то что пятидесяти рублей – здесь не таковский город, а столица. Были у тебя пятьдесят рублей в руках – точно, да не умела ты их брать", так что ж с тобой делать?"

Поплакала она и ушла. Было это как раз, помню, на Иоанна Рыльского, а тут как раз через два дня живет-праздник: иконы Казанский божьей матери. Так что-то мне в этот день ужасно как нездоровилось – с вечера я это к одной купчихе на Охту ездила да, должно быть, простудилась на этом каторжном перевозе, – ну, чувствую я себя, что нездорова; никуда я не пошла: даже и у обедни не была; намазала себе нос салом и сижу на постели. Гляжу, а Леканида Петровна моя ко мне жалует, без бурнусика, одним платочком покрывшись.

"Здравствуйте, – говорит, – Домна Платоновна".

"Здравствуй, – говорю, – душечка. Что ты, – спрашиваю, – такая неубранная?"

"Так, – говорит, – на минуту, – говорит, – выскочила", – а сама, вижу, вся в лице меняется. Не плачет, знаешь, а то всполыхнет, то сбледнеет. Так меня тут же как молонья мысль и прожгла: верно, говорю себе, чуть ли ее Дисленьша не выгнала.

"Или, – спрашиваю, – что у вас с Дисленьшей вышло?" – а она это дерг-дерг себя за губенку-то, и хочет, вижу, что-то сказать, и заминается.

"Говори, говори, матушка, что такое?"

"Я, – говорит, – Домна Платоновна, к вам". А я молчу.

"Как, – говорит, – вы, Домна Платоновна, поживаете?"

"Ничего, – говорю, – мой друг. Моя жизнь все одинаковая".

"А я... – говорит, – ах, я просто совсем с ног сбилася".

"Тоже, – говорю, – видно, и твое все еще одинаково?"

"Все то же самое, – говорит. – Я уж, – говорит, – всюду кидалася. Я уж, кажется, всякий свой стыд позабыла; все ходила к богатым людям просить. В Кузнечном переулке тут, говорили, один богач помогает бедным – у него была; на Знаменской тоже была".

"Ну, и много же, – говорю, – от них вынесли?"

"По три целковых".

"Да и то, – говорю, – еще много. У меня, – говорю, – купец знакомый у Пяти углов живет, так тот разменяет рубль на копейки и по копеечке в воскресенье и раздает. "Все равно, – говорит, – сто добрых дел выходит перед богом". Но чтоб пятьдесят рублей, как тебе нужно, – этого, – говорю, – я думаю, во всем Петербурге и человека такого нет из богачей, чтобы даром дал".

"Нет, – говорит, – говорят, есть".

"Кто ж это, мол, тебе говорил? Кто такого здесь видел?"

"Да одна дама мне говорила... Там у этого богача мы с нею в Кузнечном вместе дожидали. Грек, говорит, один есть на Невском: тот много помогает".

"Как же это, – спрашиваю, – он за здорово живешь, что ли, помогает?"

"Так, – говорит, – так, просто так помогает. Домна Платонов на".

"Ну, уж это, – говорю, – ты мне, пожалуйста, этого лучше и не ври. Это, – говорю, – сущий вздор".

"Да что же вы, – говорит, – спорите, когда эта дама сама про себя даже рассказывала? Она шесть лет уж не живет с мужем, и всякий раз как пойду, говорит, так пятьдесят рублей".

"Врет, – говорю, – тебе твоя знакомая дама".

"Нет, – говорит, – не врет".

"Врет, врет, – говорю, – и врет. Ни в жизнь этому не поверю, чтобы мужчина женщине пятьдесят рублей даром дал".

"А я, – говорит, – утверждаю вас, что это правда".

"Да ты что ж, сама, что ли, – говорю, – ходила?"

А она краснеет, краснеет, глаз куда деть не знает.

"Да вы, – говорит, – что. Домна Платоновна, думаете? Вы, пожалуйста, ничего такого не думайте! Ему восемьдесят лет. К нему много дам ходят, и он ничего от них не требует".

"Что ж, – говорю, – он красотою, что ли, только вашею освещается?"

"Вашею? Почему же это, – говорит, – вы опять так утверждаете, что как будто и я там была?" А сама так, как розан, и закраснелась.

"Чего ж, – говорю, – не утверждать? разве не видно, что была?"

"Ну так что ж такое, что была? Да, была".

127

"Что ж, очень, – говорю, – твоему счастию рада, что побывала в хорошем доме".

"Ничего, – говорит, – там нехорошего нет. Я очень просто зашла, – говорит, – к этой даме, что с ним знакома, и рассказала ей свои обстоятельства... Она, разумеется, мне сначала сейчас те же предложения, что и все делают... Я не захотела; ну, она и говорит: "Ну так вот, не хотите ли к одному греку богатому сходить? Он ничего не требует и очень много хорошеньким женщинам помогает. Я вам, – говорит, – адрес дам. У него дочь на фортепиано учится, так вы будто как учительница придете, но к нему самому ступайте, и ничего, – говорит, – вас стеснять не будет, а деньги получите". Он, понимаете, Домна Платоновна, он уже очень старый-престарый".

"Ничего, – говорю, – не понимаю".

Она, вижу, на мою недогадливость сердится. Ну, а я уж где там не догадываюсь: я все отлично это понимаю, к чему оно клонит, а только хочу ее стыдом-то этим помучить, чтоб совесть-то ее взяла хоть немножко.

"Ну как, – говорит, – не понимаете?"

"Да так, – говорю, – очень просто не понимаю, да и понимать не хочу".

"Отчего это так?"

"А оттого, – говорю, – что это офрат и противность, тьпфу!" Стыжу ее; а она, смотрю, морг-морг и кидается ко мне на плечи, и целует, и плачучи говорит: "А с чем же я все-таки поеду?"

"Как с чем, мол, поедешь? А с теми деньгами-то, что он тебе дал".

"Да он мне всего, – говорит, – десять рублей дал".

"Отчего так, – говорю, – десять? Как это – всем пятьдесят, а тебе всего десять!"

"Черт его знает!" – говорит с сердцем.

И слезы даже у нее от большого сердца остановились.

"А то-то, мол, и есть!.. видно, ты чем-нибудь ему не потрафила. Ах вы, – говорю, – дамки вы этакие, дамки! Не лучше ли, не честнее ли я тебе, простая женщина, советовала, чем твоя благородная посоветовала?"

"Я сама, – говорит, – это вижу".

"Раньше, – говорю, – надо было видеть".

"Что ж я, – говорит, – Домна Платоновна... я же ведь теперь уж и решилась", – и глаза это в землю тупит.

"На что ж, – говорю, – ты решилась?"

"Что ж, – говорит, – делать. Домна Платоновна, так, как вы говорили... вижу я, что ничего я не могу пособить себе. Если б, – говорит, – хоть хороший человек..."

128

"Что ж, — говорю, чтоб много ее словами не конфузить, — я, — говорю, — отягощусь, похлопочу, но только уже и ты ж смотри, сделай милость, не капризничай".

"Нет, — говорит, — уж куда!.." Вижу, сама давится, а сама твердо отвечает: "Нет, — говорит, — отяготитесь, Домна Платоновна, я не буду капризничать". Узнаю тут от нее, посидевши, что эта подлая Дисленьша ее выгоняет, и то есть не то что выгоняет, а и десять рублей-то, что она, несчастная, себе от грека принесла, уж отобрала у нее и потом совсем уж ее и выгнала и бельишко — какая там у нее была рубашка да перемывашка — и то все обобрала за долг и за хвост ее, как кошку, да на улицу.

"Да знаю, — говорю я, — эту Дисленьшу".

"Она, — говорит, — Домна Платоновна, кажется, просто торговать мною хотела".

"От нее, — отвечаю, — другого-то ничего и не дождешься".

"Я, — говорит, — когда при деньгах была, я ей не раз помогала, а она со мной так обошлась, как с последней".

"Ну, душечка, — говорю, — нынче ты благодарности в людях лучше и не ищи. Нынче чем ты кому больше добра делай, тем он только готов тебе за это больше напакостить. Тонет, так топор сулят, а вынырнет, так и топорища жаль".

Рассуждаю этак с ней и ни-и-и думаю того, что она сама, шельма эта Леканида Петровна, как мне за все отблагодарит.

Домна Платоновна вздохнула.

— Вижу, что она все это мнется да трется, — продолжала Домна Платоновна, — и говорю: "Что ты хочешь сказать-то? Говори — лишних бревен никаких нет; в квартал надзирателю доносить некому".

"Когда же?" — спрашивает.

"Ну, — говорю, — мать моя, надо подождать: это тоже шах-мах не делается".

"Мне, — говорит, — Домна Платоновна, деться некуда".

А у меня — вот ты как зайдешь когда-нибудь ко мне, я тебе тогда покажу — есть такая каморка, так, маленькая такая, вещи там я свои, какие есть, берегу, и если случится какая тоже дамка, что места ищет иногда или случая какого дожидается, так в то время отдаю. На эту пору каморочка у меня была свободна. "Переходи, — говорю, — и живи".

Переход ее весь в том и был, что в чем пришла, в том и осталась: все Дисленьша, мерзавка, за долги забрала.

Ну, видя ее бедность, я дала ей тут же платье — купец один мне дарил: чудное платье, крепрошелевое, не то шикшинетеневое, так как-то материя-то эта называлась, — но только узко оно мне в лифике было. Шитвица-пакостница не потрафила, да я, признаться, и не люблю фасонных платьев, потому сжимают они очень в грудях, я все вот в этаких капотах хожу.

Ну, дала я ей это платье, дала кружевцов; перешила она это платьишко, отделала его кое-где кружевцами, и чудесное еще платьице вышло. Пошла я, сударь мой, в Штинбоков пассаж, купила ей полсапожки, с кисточками такими, с бахромочкой, с каблучками; дала ей воротничков, манишечку – ну, одним словом, нарядила молодца, яко старца; не стыдно ни самой посмотреть, ни людям показать. Даже сама я не утерпела, пошутила ей: "Франтишка, – говорю, – ты какая! умеешь все как к лицу сделать".

Живем мы после этого вместе неделю, живем другую, все у нас с нею отлично: я по своим делам, а она дома остается. Вдруг тут-то дело мне припало к одной не то что к дамке, а к настоящей барыне, и немолодая уж барыня, а такая-то, прости господи!.. звезда восточная. Студента все к сыну в гувернеры искала. Ну, уж я знаю, какого ей надо студента.

"Чтоб был, – говорит, – опрятный; чтоб не из этих, как вот шляются – сицилисты, – они не знают небось, где и мыло продается".

"На что ж, – говорю, – из этих? Куда они годятся!"

"И, – говорит, – чтоб в возрасте был, а не дитею бы смотрел; а то дети его и слушаться не будут".

"Понимаю, мол, все".

Отыскала я студента: мальчонке молоденький, но этакий штуковатый и чищеный, все сразу понимает. Иду-с я теперь с этим делом к этой даме; передала ей адрес; говорю: так и так, тогда и тогда будет, и извольте его посмотреть, а что такое если не годится – другого, – говорю, – найдем, и сама ухожу. Только иду это с лестницы, а в швейцарской генерал мне навстречу и вот он. И этот самый генерал, надо тебе сказать, хоть он и штатский, но очень образованный. В доме у него роскошь такой: зеркала, ланпы, золото везде, ковры, лакеи в перчатках, везде это духами накурено. Одно слово, свой дом, и живут в свое удовольствие; два этажа сами занимают: он, как взойдешь из швейцарской, сейчас налево; комнат восемь один живет, а направо сейчас другая такая ж половина, в той сын старший, тоже женатый уж года с два. На богатой тоже женился, и все как есть в доме очень ее хвалят, говорят – предобрая барыня, только чахотка, должно, у нее – очень уж худая. Ну, а наверху, сейчас по этакой лестнице – широкая-преширокая лестница и вся цветами установлена – тут сама старуха, как тетеря на токовище, сидит с меньшенькими детьми, и гувернеры-то эти там же. Ну, знаешь уж, как на большую ногу живут!

Встретил меня генерал и говорит: "Здравствуй, Домна Платоновна!" Превежливый барин.

"Здравствуйте, – говорю, – ваше превосходительство".

"У жены, что ль, была?" – спрашивает.

"Точно так, – говорю, – ваше превосходительство, у супруги вашей, у генеральши была; кружевца, – говорю, – старинные приносила".

"Нет ли, – говорит, – у тебя чего, кроме кружевцов, хорошенького?"

"Как, – говорю, – не быть, ваше превосходительство! Для хороших, – говорю, – людей всегда на свете есть что-нибудь хорошее".

"Ну, пойдем-ка, – говорит, – пройдемся; воздух, – говорит, – нынче очень свежий".

"Погода, – отвечаю, – отличная, редко такой и дождешься".

Он выходит на улицу, и я за ним, а карета сзади нас по улице едет. Так вместе по Моховой и идем – ей-богу правда. Препростодушный, говорю тебе, барин!

"Что ж, – спрашивает, – чем же ты это нынче, Домна Платоновна, мне похвалишься?"

"А уж тем, мол, ваше превосходительство, похвалюсь, что могу сказать, что редкость".

– "Ой ли, правда?" – спрашивает – не верит, потому что он очень и опытный – постоянно все по циркам да по балетам и везде страшно по этому предмету со вниманием следит.

"Ну, уж хвалиться, – говорю, – вам, сударь, не стану, потому что, кажется, изволите знать, что я попусту врать на ветер не охотница, а вы, когда вам угодно, извольте, – говорю, – пожаловать. Гляженое лучше хваленого".

"Так не лжешь, – говорит, – Домна Платоновна, стоящая штучка?"

"Одно слово, – отвечаю ему я, – ваше превосходительство, больше и говорить не хочу. Не такой товар, чтоб еще нахваливать".

"Ну, посмотрим, – говорит, – посмотрим".

"Милости, – говорю, – просим. Когда пожалуете?"

"Да как-нибудь на этих днях, – говорит, – вероятно, заеду".

"Нет, – говорю, – ваше превосходительство, вы извольте назначить как наверное, так, – говорю, – и ждать будем; а то я, – говорю, – тоже дома не сижу: волка, мол, ноги кормят".

"Ну, так я, – говорит, – послезавтра, в пятницу, из присутствия заеду".

"Очень хорошо, – говорю, – я ей скажу, чтоб дожидалась".

"А у тебя, – спрашивает, – тут в узелке-то что-нибудь хорошенькое есть?"

"Есть, – говорю, – штучка шелковых кружев черных, отличная. Половину, – солгала ему, – половину, – говорю, – ваша супруга взяли, а половина, – говорю, – как раз на двадцать рублей осталась".

"Ну, передай, – говорит, – ей от меня эти кружева: скажи, что добрый гений ей посылает", – шутит это, а сам мне двадцать пять рублей бумажку подает, и сдачи, говорит, не надо: возьми себе на орехи.

Довольно тебе, что и в глаза ее не видавши, этакой презент.

Сел он в карету тут у Семионовского моста и поехал, а я Фонталкой по набережной да и домой.

"Вот, – говорю, – Леканида Петровна, и твое счастье нашлось".

"Что, – говорит, – такое?"

А я ей все по порядку рассказываю, хвалю его, знаешь, ей, как ни быть лучше: хотя, говорю, и в летах, но мужчина видный, полный, белье, говорю, тонкое носит, в очках, сказываю, золотых; а она вся так и трясется.

"Нечего, – говорю, – мой друг, тебе его бояться: может быть, для кого-нибудь другого он там по чину своему да по должности пускай и страшен, а твое, – говорю, – дело при нем будет совсем особливое; еще ручки, ножки свои его целовать заставь. Им, – говорю, – одна дамка-полячка (я таки ее с ним еще и познакомила) как хотела помыкала и амантов любовников (франц.), – говорю, – имела, а он им еще и отличные какие места подавал, все будто заместо своих братьев она ему их выдавала. Положись на мое слово и ничуть его не опасайся, потому что я его отлично знаю. Эта полячка, бывало, даже руку на него поднимала: сделает, бывало, истерику, да мах его рукою по очкам; только стеклышки зазвенят. А твое воспитание ничуть не ниже. А вот, – говорю, – тебе от него пока что и презентик", – вынула кружева да перед ней и положила.

Прихожу опять вечером домой, смотрю – она сидит, чулок себе штопает, а глаза такие заплаканные; гляжу, и кружева мои на том же месте, где я их положила.

"Прибрать бы, – говорю, – тебе их надо; вон хоть в комоду, – говорю, – мою, что ли, бы положила; это вещь дорогая".

"На что, – говорит, – они мне?"

"А не нравятся, так я тебе за них десять рублей деньги ворочу".

"Как хотите", – говорит. Взяла я эти кружева, смотрю, что все целы, – свернула их как должно и так, не меривши, в свой саквояж и положила.

"Вот, – говорю, – что ты мне за платье должна – я с тебя лишнего не хочу, – положим за него хоть семь рублей, да за полсапожки три целковых, вот, – говорю, – и будем квиты, а остальное там, как сочтемся".

"Хорошо", – говорит, – а сама опять плакать.

"Плакать-то теперь бы, – говорю, – не следовало".

А она мне отвечает:

"Дайте, – говорит, – мне, пожалуйста, мои последние слезы выплакать. Что вы, – говорит, – беспокоитесь? – не бойтесь, понравлюсь!"

"Что ж, – говорю, – ты, матушка, за мое же добро да на меня же фыркаешь? Тоже, – говорю, – новости: у Фили пили, да Филю ж и били!"

Взяла да и говорить с ней перестала.

Прошел четверг, я с ней не говорила. В пятницу напилась чаю, выхожу и говорю: "Изволь же, – говорю, – сударыня, быть готова: он нынче приедет".

Она как вскочит: "Как нынче! как нынче!"

"А так, – говорю, – чай, сказано тебе было, что он обещался в пятницу, а вчера, я думаю, был четверг".

"Голубушка, – говорит, – Домна Платоновна!" – пальцы себе кусает, да бух мне в ноги.

"Что ты, – говорю, – сумасшедшая? Что ты?"

"Спасите!"

"От чего, – говорю, – от чего тебя спасать-то?"

"Защитите! Пожалейте!"

"Да что ты, – говорю, – блажишь? Не сама ли же, – говорю, – ты просила?"

А она опять берет себя руками за щеки да вопит: "Душечка, душечка, пусть завтра, пусть, – говорит, – хоть послезавтра!"

Ну, вижу, нечего ее, дуру, слушать, хлопнула дверью и ушла. Приедет, думаю, он сюда – сами поладят. Не одну уж такую-то я видела: все они поперваначалу благи бывают. Что ты на меня так смотришь? Это, поверь, я правду говорю: все так-то убиваются.

– Продолжайте, – говорю, – Домна Платоновна.

– Что ж, ты думаешь, она, поганка, сделала?

– А кто ее знает, что ее черт угораздил сделать! – сорвалось у меня со злости.

– Уж именно правда твоя, что черт ее угораздил, – отвечала с похвалою моей прозорливости Домна Платоновна. – Этакого человека, этакую вельможу она, шельмовка этакая, и в двери не пустила!.. Стучал-стучал, звонил-звонил – она тебе хоть бы ему голос какой подала. Вот ведь какая хитростная – на что отважилась! Сидит запершись, словно ее и духу там нет. Захожу я вечерком к нему – сейчас меня впустили – и спрашиваю: "Ну что, – говорю, – обманула я вас, ваше превосходительство?" – а он туча тучей. Рассказывает мне все, как он был и как ни с чем назад пошел.

"Этак, – говорит, – Домна Платоновна, любезная моя, с порядочными людьми не поступают".

"Батюшка, – говорю, – да как это можно! верно, – говорю, – она куда на минутую выходила или что такое – не слыхала", – ну, а сама себе думаю: "Ах ты, варварка! ах ты, злодейка этакая! страмовщица ты!"

"Пожалуйте, – прошу его, – ваше превосходительство, завтра – верно вам ручаюсь, что все будет как должно".

Да ушедши-то от него домой, да бегом, да бегом. Прибегаю, кричу:

133

"Варварка! варварка! что ж ты это, варварка, со мной наделала? С каким ты меня человеком, может быть, расстроила? Ведь ты, – говорю, – сама со всей твоей родней-то да и с целой губернией-то с вашей и сапога его одного отоптанного не стоишь! Он, – говорю, – в прах и в пепел всех вас и все начальство-то ваше истереть одной ногой может. Чего ж ты, бездельница этакая, модничаешь? Даром я, что ли, тебя кормлю? Я бедная женщина; я на твоих же глазах день и ночь постоянно отягощаюсь; я на твоих же глазах веду самую прекратительную жизнь, да еще ты, – говорю, – щелчок ты этакой, нахлебница навязалась!"

И как уж я ее тут-то ругала! Как страшно я ее с сердцов ругала, что ты не поверишь. Кажется б вот взяла я да глаза ей в сердцах повыцарапала.

Домна Платоновна сморгнула набежавшую на один глаз слезу и проговорила между строк: "Даже теперь жалко, как вспомню, как я ее тогда обидела".

"Гольтепа ты дворянская! – говорю ей, – вон от меня! вон, чтоб и дух твой здесь не пах!" – и даже за рукав ее к двери бросила. Ведь вот, ты скажи, что с сердцов человек иной раз делает: сама назавтри к ней такого грандеву пригласила, а сама ее нынче же вон выгоняю! Ну, а она – на эти мои слова сейчас и готова – и к двери.

У меня уж было и сердце все проходить стало, как она все это стояла-то да молчала, а уж как она по моему по последнему слову к двери даже обернулась, я опять и вскипела.

"Куда, куда, – говорю, – такая-сякая, ты летишь?"

Уж и сама даже не помню, какими ее словами опять изругала.

"Оставайся, – говорю, – не смей ходить!.."

"Нет, я, – говорит, – пойду".

"Как пойдешь? как ты смеешь идтить?"

"Что ж, – говорит, – вы, Домна Платоновна, на меня сердитесь, так лучше же мне уйти".

"Сержусь! – говорю. – Нет, я мало что на тебя сержусь, я тебя буду бить".

Она вскрикнула, да в дверь, а я ее за ручку, да назад, да тут-то сгоряча оплеух с шесть таки горячих ей и закатила.

"Воровка ты, – говорю, – а не дама", – кричу на нее; а она стоит в уголке, как я ее оттрепала, и вся, как кленов лист, трясется, но и тут, заметь, свою анбицию дворянскую почувствовала.

"Что ж, – говорит, – такое я у вас украла?"

"Космы-то, – говорю, – патлы-то свои подбери, – потому я ей всю прическу расстроила. – То, – говорю, – ты у меня украла, что я тебя, варварку, поила-кормила две недели; обула-одела тебя; я, – говорю, – на всякий час отягощаюсь, я веду прекратительную жизнь, да еще через тебя должна куска хлеба лишиться, как ты меня с таким человеком поссорила!"

Смотрю, она потихоньку косы свои опять в пучок подвернула, взяла в ковшик холодной коды — умылась: голову расчесала и села. Смирно сидит у окошечка, только все жестяное зеркальце потихонечку к щекам прикладывает. Я будто не смотрю на нее, раскладываю по столу кружева, а сама вижу, что щеки-то у нее так и горят.

"Ах, — думаю, — напрасно ведь это я, злодейка, так уж очень ее обидела!"

Все, что стою над столом да думаю — то все мне ее жалче; что стою думаю — то все жалче.

Ахти мне, горе с моим добрым сердцем! Никак я с своим сердцем не совладаю. И досадно, и знаю, что она виновата и вполне того заслужила, а жалко.

Выскочила я на минуточку на улицу — тут у нас, в вашем же доме, под низом кондитерская, — взяла десять штучек песочного пирожного и прихожу; сама поставила самовар; сама чаю чашку ей налила и подаю с пирожным. Она взяла из моих рук чашку и пирожное взяла, откусила кусочек, да меж зубов и держит. Кусочек держит, а сама вдруг улыбается, улыбается, и весело улыбается, а слезы кап-кап-кап, так и брызжут; таки вот просто не текут, а как сок из лимона, если подавишь, брызжут.

"Полно, — говорю, — не обижайся".

"Нет, — говорит, — я ничего, я ничего, я ничего..." — да как зарядила это: "я ничего" да "я ничего" — твердит одно, да и полно.

"Господи! — думаю, — уж не сделалось ли ей помрачение смыслов?" Водой на нее брызнула; она тише, тише и успокоилась: села в уголку на постелишке и сидит. А меня все, знаешь, совесть мутит, что я ее обидела. Помолилась я богу — прочитала, как еще в Мценске священник учил от запаления ума: "Благого царя благая мати, пречистая и чистая", — и сняла с себя капотик, и подхожу к ней в одной юбке, и говорю: "Послушай ты мся, Леканида Петровна! В Писании читается: "да не зайдет солнце во гневе вашем"; прости же ты меня за мою дерзость; давай помиримся!" — поклонилась ей до земли и взяла ее руку поцеловала: вот тебе, ей-богу, как завтрашний день хочу видеть, так поцеловала. И она, смотрю, наклоняется ко мне и в плечо меня чмок, гляжу — и тоже мою руку поцеловала, и сами мы между собою обе друг дружку обняли и поцеловались.

"Друг мой, — говорю, — ведь я не со злости какой или не для своей корысти, а для твоего же добра!" — толкую ей и по головке ее ласкаю, а она все этак скороговоркой:

"Хорошо, хорошо; благодарю вас, Домна Платоновна, благодарю".

135

"Вот он, – говорю, – завтра опять приедет".

"Ну что ж, – говорит, – ну что ж! очень хорошо, пусть приезжает".

Я ее опять по головке глажу, волоски ей за ушко заправляю, а она сидит и глазком с ланпады не смигнет. Ланпад горит перед образами таково тихо, сияние от икон на нее идет, и вижу, что она вдруг губами все шевелит, все шевелит.

"Что ты, – спрашиваю, – душечка, богу это, что ли, молишься?"

"Нет, – говорит, – это я, Домна Платоновна, так".

"Что ж, – говорю, – я думала, что ты это молишься, а так самому с собой разговаривать, друг мой, не годится. Это только одни помешанные сами с собою разговаривают".

"Ах, – отвечает она мне, – я, – говорит, – Домна Платоновна, уж и сама думаю, что я, кажется, помешанная. На что я только иду! на что я это иду!" – заговорила она вдруг, и в грудь себя таково изо всей силы ударяет.

"Что ж, – говорю, – делать? Так тебе, верно, путь такой тяжелый назначен".

"Как, – говорит, – такой мне путь назначен? Я была честная девушка! я была честная жена! Господи! господи! да где же ты? Где же, где бог?"

"Бога, – говорю, – читается, друг мой, никто же виде и нигде же".

"А где же есть сожалительные, добрые христиане? Где они? где?"

"Да здесь, – говорю, – и христиане".

"Где?"

"Да как где? Вся Россия – все христиане, и мы с тобой христианки".

"Да, да, – говорит, – и мы христианки..." – и сама, вижу, эти слова выговаривает и в лице страшная становится. Словно она с кем с невидимым говорит.

"Фу, – говорю, – да сумасшедшая ты, что ли, в самом деле? что ты меня пужаешь-то? что ты ропот-то на создателя своего произносишь?"

Смотрю: сейчас она опять смирилась, плачет опять тихо и рассуждает:

"Из-за чего, – говорит, – это я только все себе наделала? Каких я людей слушала? Разбили меня с мужем; натолковали мне, что он и тиран и варвар, когда это совсем неправда была, когда я, я сама, презренная и низкая капризница, я жизнь его отравляла, а не покоила. Люди! подлые вы люди! сбили меня; насулили мне здесь горы золотые, а не сказали про реки огненные. Муж меня теперь бросил, смотреть на меня не хочет, писем моих не читает. А завтра я... бррр...х!"

Вся даже задрожала.

"Маменька! – стала звать, – маменька! если б ты меня теперь, душечка, видела? Если б ты, чистенький ангел мой, на меня теперь посмотрела из своей могилки? Как она нас, Домна Платоновна, воспитывала! Как мы жили хорошо; ходили всегда чистенькие; все у нас в

136

доме было такое хорошенькое; цветочки мама любила; бывало, — говорит, — возьмет за руки и пойдем двое далеко... в луга пойдем..."

Тут-то, знаешь ты, сон у меня удивительный — слушала я, как это хорошо все она вспоминает, и заснула.

Ну, представь же ты теперь себе: сплю это; заснула у нее, на ее постеленке, и как пришла к ней, совсем даже в юбке заснула, и опять тебе говорю, что сплю я свое время крепко, и снов никогда никаких не вижу, кромя как разве к какому у меня воровству; а тут все это мне видятся рощи такие, палисадники и она, эта Леканида Петровна. Будто такая она маленькая, такая хорошенькая: головка у нее русая, вся в кудряшках, и носит она в ручках веночек, а за нею собачка, такая беленькая собачка, и все на меня гам-гам, гам-гам — будто сердится и укусить меня хочет. Я будто нагинаюсь, чтоб поднять палочку, чтоб эту собачку от себя отогнать, а из земли вдруг мертвая ручища: хвать меня вот за самое за это место, за кость. Вскинулась я, смотрю — свое время я уж проспала и руку страсть как неловко перележала. Ну, оделась я, помолилась богу и чайку напилась, а она все спит.

"Пора, — говорю, — Леканида Петровна, вставать; чай, — говорю, — на конфорке стоит, а я, мой друг, ухожу".

Поцеловала ее на постели в лоб, истинно говорю тебе, как дочь родную жалеючи, да из двери-то выходя, ключик это потихоньку вынула да в карман.

"Так-то, — думаю, — дело честнее будет".

Захожу к генералу и говорю: "Ну, ваше превосходительство, теперь дело не мое. Я свое сделала — пожалуйте поскорей", — и ему отдала ключ.

— Ну-с, — говорю, — милая Домна Платоновна, не на этом же все кончилось?

Домна Платоновна засмеялась и головой закачала с таким выражением, что смешны, мол, все люди на белом свете.

— Прихожу я домой нарочно попозже, смотрю — огня нет.

"Леканида Петровна!" — зову.

Слышу, она на моей постели ворочается.

"Спишь?" — спрашиваю; а самое меня, знаешь, так смех и подмывает.

"Нет, не сплю", — отвечает.

"Что ж ты огня, мол, не засветишь?"

"На что ж он мне, — говорит, — огонь?"

Зажгла я свечу, раздула самоваришку, зову ее чай пить.

"Не хочу, — говорит, — я", — а сама все к стенке заворачивается.

"Ну, по крайности, — говорю, — встань же, хоть на свою постель перейди: мне мою постель надо поправить".

Вижу, поднимается, как волк угрюмый. Взглянула исподлобья на свечу и глаза рукой заслоняет.

"Что ты, – спрашиваю, – глаза закрываешь?"

"Больно, – отвечает, – на свет смотреть".

Пошла, и слышу, как была опять совсем в платье одетая, так и повалилась.

Разделась и я как следует, помолилась богу, но все меня любопытство берет, как тут у них без меня были подробности? К генералу я побоялась идти: думаю, чтоб опять афронта отпора, оскорбления (франц.) какого не было, а ее спросить даже следует, но она тоже как-то не допускает. Дай, думаю, с хитростью к ней подойду. Вхожу к ней в каморку и спрашиваю:

"Что, никого, – говорю, – тут, Леканида Петровна, без меня не было?"

Молчит.

"Что ж, – говорю, – ты, мать, и ответить не хочешь?"

А она с сердцем этак: "Нечего, – говорит, – вам меня расспрашивать".

"Как же это, – говорю, – нечего мне тебя расспрашивать? Я хозяйка".

"Потому, – говорит, – что вы без всяких вопросов очень хорошо все знаете", – и это, уж я слышу, совсем другим тоном говорит.

Ну, тут я все дело, разумеется, поняла.

Она только вздыхает; и пока я улеглась и уснула – все вздыхает.

– Это, – говорю, – Домна Платоновна, уж и конец?

– Это первому действию, государь мой, конец.

– А во втором-то что же происходило?

– А во втором она вышла против меня мерзавка – вот что во втором происходило.

– Как же, – спрашиваю, – это, Домне Платоновна, очень интересно, как так это сделалось?

– А так, сударь мой, и сделалось, как делается: силу человек в себе почуял, ну сейчас и свиньей стал.

– И вскоре, – говорю, – это она так к вам переменилась?

– Тут же таки. На другой день уж всю это свою козью прыть показала. На другой день я, по обнаковению, в свое время встала, сама поставила самовар и села к чаю около ее постели в каморочке, да и говорю: "Иди же, – говорю, – Леканида Петровна, умывайся да богу молись, чай пора пить". Она, ни слова не говоря, вскочила и, гляжу, у нее из кармана какая-то бумажка выпала. Нагинаюсь я к этой бумажке, чтоб поднять ее, а она вдруг сама, как ястреб, на нее бросается.

"Не троньте!" – говорит, и хап ее в руку.

Вижу, бумажка сторублевая.

"Что ж ты, – говорю, – так, матушка, рычишь?"

"Так хочу, так и рычу".

"Успокойся, – говорю, – милая; я, слава богу, не Дисленьша, в моем доме никто у тебя твоего добра отнимать не станет".

Ни слова она мне в ответ не сказала: мой чай пьет и на меня ж глядеть не хочет; возьми ты это, хоть кому-нибудь доведися – станет больно. Ну, однако, я ей это спустила, думала, что она это еще в расстройке, и точно, вижу, что как это ворот-то у нее в рубашке широкий, так видно, знаешь, как грудь-то у ней так вот и вздрагивает, и на что, я тебе сказывала, была она собою телом и бела и розовая, точно пух в атласе, а тут, знаешь, будто вдруг она какая-то темная мне показалась телом, и все у нее по голым плечам-то сиротки вспрыгивают, пупырышки эти такие, что вот с холоду когда выступают. Холеной неженке первый снежок труден. Я ее даже молча и пожалела еще и никак себе не воображала, какая она ехидная.

Вечером прихожу: гляжу – она сидит перед свечкой и рубашку себе новую шьет, а на столе перед ней еще так три, не то четыре рубашки лежат прикроенные.

"Почем, – спрашиваю, – брала полотно?"

А она этак тихо-тихохонько мне вот что отвечает:

"Я, – говорит, – Домна Платоновна, желала вас просить: оставьте вы меня, пожалуйста, с вашими разговорами".

Смотрю, вид у нее такой покойный, будто совсем и не сердится. "Ну, – думаю, – матушка, когда ты такая, так и я же к тебе стану иная".

"Я, – говорю ей, – Леканида Петровна, в своем доме хозяйка и все говорить могу; а тебе если мои разговоры неприятны, так не угодно ли, – говорю, – отправляться куда угодно".

"И не беспокойтесь, – говорит, – я и отправлюсь".

"Только прежде всего надо, – я говорю, – рассчитаться: честные люди, не рассчитавшись, не съезжают".

"Опять, – говорит, – не беспокойтесь".

"Я, – отвечаю, – не беспокоюсь", – ну, только считаю ей за полтора месяца за квартиру десять рублей и что пила-ела пятнадцать рублей, да за чай, говорю, положим хоть три целковых, тридцать один целковый, говорю. За свечки тут-то не посчитала, и что в баню с собой два раза ее брала, и то тоже забыла.

"Очень хорошо-с, – отвечает, – все будет вам заплачено".

На другой день вечером ворочаюсь опять домой, застаю ее, что она опять сидит себе рубашку шьет, а на стенке, так насупротив ее, на гвоздике висит этакой бурнус, черный атласный, хороший бурнус, на гроденаплевой подкладке и на пуху. Закипело у меня, знаешь, что все это через меня, через мое радетельство получила, да еще без меня же, словно будто потоймя от меня справляет.

139

"Бурнусы-то, — говорю, — можно б, мне кажется, погодить справлять, а прежде б с долгами расчесться".

Она на эти мои слова сейчас опущает белу рученьку в карман; вытаскивает оттуда бумажку и подает. Смотрю, в этой бумажке аккурат тридцать и один целковый.

Взяла я деньги и говорю: "Благодарствуйте, — говорю, — Леканида Петровна". Уж "вы" ей, знаешь, нарочно говорю.

"Не за что-с, — отвечает, — а сама и глаз на меня даже с работы не вскинет; все шьет, все шьет; так игла-то у нее и летает.

"Постой же, — думаю, — змейка ты зеленая; не очень еще ты чванься, что ты со мною расплатилась".

"Это, — говорю, — Леканида Петровна, вы мне мои расходы вернули, а что ж вы мне за мои за хлопоты пожалуете?"

"За какие, — спрашивает, — за хлопоты?"

"Как же, — говорю, — я вам стану объяснять? сами, чай, понимаете".

А она это шьет, наперстком-то по рубцу водит, да и говорит, не глядя: "Пусть, — говорит, — вам за эти ваши милые хлопоты платит тот, кому они были нужны".

"Да ведь вам, — говорю, — они больше всех нужны-то были".

"Нет, мне, — говорит, — они не были нужны. А впрочем, сделайте милость, оставьте меня в покое".

Довольно с тебя этой дерзости! Но я и ею пренебрегла. Пренебрегла и оставила, и не говорю с нею, и не говорю.

Только наутро, где бы пить чай, смотрю — она убралась; рубашку эту, что ночью дошила, на себя надела, недошитые свернула в платочек; смотрю, нагинается, из-под кровати вытащила кордонку, шляпочку оттуда достает... Прехорошенькая шляпочка... все во всем ее вкусе... Надела ее и говорит: "Прощайте, Домна Платоновна".

Жаль мне ее опять тут, как дочь родную, стало: "Постой же, — говорю ей, — постой, хоть чаю-то напейся!"

"Покорно благодарю, — отвечает, — я у себя буду пить чай".

Понимай, значит, — то, что у себя! Ну, бог с тобой, я и это мимо ушей пустила.

"Где ж, — говорю, — ты будешь жить?"

"На Владимирской, — говорит, — в Тарховом доме".

"Знаю, — говорю, — дом отличный, только дворянки большие повесы".

"Мне, — говорит, — до дворников деда нет".

"Разумеется, — говорю, — мой друг, разумеется! Комнатку себе, что ли, наняла?"

"Нет, — отвечает, — квартиру взяла, с кухаркой буду жить".

Вон, вижу, куда заиграло! "Ах ты, хитрая! – говорю, – хитрая! – шутя на нее, знаешь, пальцем грожусь. – Зачем же, – говорю, – ты меня обманывала-то, говорила, что к мужу-то поедешь?"

"А вы, – говорит, – думаете, что я вас обманывала?"

"Да уж, – отвечаю, – что тут думать! когда б имела желание ехать, то, разумеется, не нанимала б тут квартиры".

"Ах, – говорит, – Домна Платоновна, как мне вас жалко! ничего вы не понимаете".

"Ну, – говорю, – уж не хитри, душечка! Вяжу, что ты умно обделала дельце".

"Да вы, – говорит, – что это толкуете! Разве такие мерзавки, как я, к мужьям ездят?"

"Ах, мать ты моя! что ты это, – отвечаю, – себя так уж очень мерзавишь! И в пять раз мерзавней тебя, да с мужьями живут".

А она, уж совсем это на пороге-то стоючи, вдруг улыбнулась, да и говорит: "Нет, извините меня, Домна Платоновна, я на вас сердилась; ну, а вижу, что на вас нельзя сердиться, потому что вы совсем глупы".

Это вместо прощанья-то! нравится это тебе? "Ну, – подумала я ей вслед, – глупа-неглупа, а, видно, умней тебя, потому, что я захотела, то с тобой, с умницей, с воспитанной, и сделала".

Так она от меня сошла, не то что с ссорою, а все как с небольшим удовольствием. И не видала я ее с тех пор, и не видала, я думаю, больше как год. В это-то время у меня тут как-то работку бог давал: четырех купцов я женила; одну полковницкую дочь замуж выдала; одного надворного советника на вдове, на купчихе, тоже женила, ну и другие разные дела тоже перепадали, а тут это товар тоже из своего места насылали – так время и прошло. Только вышел тут такой случай: была я один раз у этого самого генерала, с которым Леканидку-то познакомила: к невестке его зашла. С сыном-то с его я давно была знакома: такой тоже весь в отца вышел. Ну, прихожу я к невестке, мантиль блондовую она хотела дать продать, а ее и нет: в Воронеж, говорят, к Митрофанию-угоднику поехала.

"Зайду, – думаю, – по старой памяти к барину".

Всхожу с заднего хода, никого нет. Я потихонечку топы-топы, да одну комнату прошла и другую, и вдруг, сударь ты мой, слышу Леканидкин голос: "Шарман мой! – говорит, – я, – говорит, – люблю тебя; ты одно мое счастье земное!"

"Отлично, – думаю, – и с папенькой и с сыночком романсы проводит моя Леканида Петровна", да сама опять топы-топы да теми же пятами вон. Узнаю-поузнаю, как это она познакомилась с этим, с молодым-то, – аж выходит, что жена-то молодого сама над нею сжалилась, навещать ее стала потихоньку, все это, знаешь, жалеючи ее, что такая будто она дамка образованная да хорошая; а она, Леканидка, ей, не хуже как мне, и отблагодарила. Ну, ничего, не мое это, значит, дело; знаю и молчу; даже еще покрываю этот ее грех, и где следует виду этого не подаю, что знаю. Прошло опять чуть не с год ли. Леканидка в ту пору жила в Кирпичном переулке. Собиралась я это на средокрестной неделе говеть и иду этак по Кирпичному переулку, глянула на дом-то да думаю: как это нехорошо, что мы с Леканидой Петровной такое время поссорившись; тела и крови готовясь принять – дай зайду к ней, помирюсь! Захожу. Парад такой в квартире, что лучше требовать нельзя. Горничная – точно как барышня.

"Доложите, – говорю, – умница, что, мол, кружевница Домна Платоновна желает их видеть?".

Пошла и выходит, говорит: "Пожалуйте".

Вхожу в гостиную; таково тоже все парадно, и на диване ендит это сама Леканидка и генералова невестка с ней: обе кофий кушают. Встречает меня Леканидка будто и ничего, будто со вчера всего только не видались.

Я тоже со всей моей простотой: "Славно, – говорю, – живешь, душечка; дай бог тебе и еще лучше".

А она с той что-то вдруг и залопотала по-французски. Не понимаю я ничего по-ихнему. Сижу, как дура, глазею по комнате, да и зевать стала.

"Ах, – говорит вдруг Леканидка, – не хотите ли вы. Домна Платоновна, кофию?"

"Отчего ж, – говорю, – позвольте чашечку".

Она это сейчас звонит в серебряный колокольчик и приказывает своей девке: "Даша, – говорит, – напойте Домну Платоновну кофием".

Я, дура, этого тогда сразу-то и не поняла хорошенько, что такое значит напойте; только смотрю, так минут через десять эта самая ее Дашка входит опять и докладывает: "Готово, – говорит, – сударыня".

"Хорошо, – говорит ей в ответ Леканидка, да и оборачивается ко мне: – Подите, – говорит, – Домна Платоновна: она вас напоит.".

Ух, уж на это меня взорвало! Сверзну я ее, подумала себе, но удержалась. Встала и говорю: "Нет, покорно вас благодарю, Леканида Петровна, на вашем угощении. У меня, – говорю, – хоть я и бедная женщина, а у меня и свой кофий есть".

"Что ж, – говорит, – это вы так рассердились?"

"А то, – прямо ей в глаза говорю, – что вы со мной мою хлеб-соль вместе кушивали, а меня к своей горничной посылаете: так это мне, разумеется, обидно".

"Да моя, – говорит, – Даша – честная девушка; ее общество вас оскорблять не может", – а сама будто, показалось мне, как улыбается.

"Ах ты, змея, – думаю, – я тебя у сердца моего пригрела, так ты теперь и по животу ползешь!" "Я, – говорю, – у этой девицы чести ее нисколько не снимаю, ну только не вам бы, – говорю, – Леканида Петровна, меня с своими прислугами за один стол сажать".

"А отчего это, – спрашивает, – так. Домна Платоновна, не мне?"

"А потому, – говорю, – матушка, что вспомни, что ты была, и посмотри, что ты есть и кому ты всем этим обязана".

"Очень, – говорит, – помню, что была я честной женщиной, а теперь я дрянь и обязана этим вам, вашей доброте, Домна Платоновна".

"И точно, – отвечаю, – речь твоя справедлива, прямая ты дрянь. В твоем же доме, да ничего не боясь, в глаза тебе эти слова говорю, что ты дрянь. Дрянь ты была, дрянь и есть, а не я тебя дрянью сделала".

А сама, знаешь, беру свой саквояж.

"Прощай, – говорю, – госпожа великая!"

А эта генеральская невестка-то чахоточная как вскочит, дохлая: "Как вы, – говорит, – смеете оскорблять Леканиду Петровну!"

"Смею, – говорю, – сударыня!"

"Леканида Петровна, – говорит, – очень добра, но я, наконец, не позволю обижать ее в моем присутствии: она мой друг".

"Хорош, – говорю, – друг!"

Тут и Леканидка, гляжу, вскочила да как крикнет: "Вон, – говорит, – гадкая ты женщина!"

"А! – говорю, – гадкая я женщина? Я гадкая, да я с чужими мужьями романсов не провождаю. Какая я ни на есть, да такого не делала, чтоб и папеньку и сыночка одними прелестями-то своими прельщать! Извольте, – говорю, – сударыня, вам вашего друга, уж вполне, – говорю, – друг".

"Лжете, – говорит, – вы! Я не поверю вам, вы это со злости на Леканиду Петровну говорите".

"Ну, а со злости, так вот же, – говорю, – теперь ты меня, Леканида Петровна, извини; теперь, – говорю, – уж я тебя сверзну", – и все, знаешь, что слышала, что Леканидка с мужем-то ее тогда чекотала, то все им и высыпала на стол, да и вон.

– Ну-с, – говорю, – Домна Платоновна?

– Бросил ее старик после этого скандала.

– А молодой?

– Да с молодым нешто у нее интерес был какой! С молодым у нее, как это говорится так, – пур-амур любовь шла. Тоже ведь, гляди ты, шушваль этакая, а без любви никак дышать не могла. Как же! нельзя же комиссару без штанов быть. А вот теперь и без любви обходится.

– Вы, – говорю, – почему это знаете, что обходится?

– А как же не знаю! Стало быть, что обходится, когда живет в такой

143

жизни, что нынче один князь, а завтра другой граф; нынче англичанин, завтра итальянец иди ишпанец какой. Уж тут, стало, не любовь, а деньги. Бзырит[28] по магазинам да по Невскому в такой коляске лежачей на рысаках катается...

— Ну, так вы с тех пор с нею и не встречаетесь.

— Нет. Зла я на нее не питаю, но не хожу к ней. Бог с нею совсем! Раз как-то на Морской нынче по осени выхожу от одной дамы, а она на крыльцо всходит. Я таки дала ей дорогу и говорю: "Здравствуйте, Леканида Петровна!" - а она вдруг, зеленая вся, наклонилась ко мне, с крылечка-то, да этак к самому к моему лицу, и с ласковой такой миной отвечает: "Здравствуй, мерзавка!"

Я даже не утерпел и рассмеялся.

— Ей-богу! "Здравствуй, - говорит, - мерзавка!" Хотела я ей тут-то было сказать: не мерзавь, мол, матушка, сама ты нынче мерзавка, да подумала, что лакей-то этот за нею, и зонтик у него большой в руках, так уж проходи, думаю, налево, французская королева.

4

Со времени сообщения мне Домною Платоновной повести Леканиды Петровны прошло лет пять. В течение этих пяти лет я уезжал из Петербурга и снова в него возвращался, чтобы слушать его неумолчный грохот, смотреть бледные, озабоченные и задавленные лица, дышать смрадом его испарений и хандрить под угнетающим впечатлением его чахоточных белых ночей, – Домна Платоновна была все та же. Везде она меня как-то случайно отыскивала, встречалась со мной с дружескими поцелуями и объятиями и всегда неустанно жаловалась на злокозненные происки человеческого рода, избравшего ее, Домну Платоновну, своей любимой жертвой и каким-то вечным игралищем. Много рассказала мне Домна Платоновна в эти пять лет разных историй, где она была всегда попрана, оскорблена и обижена за свои же добродетели и попечения о нуждах человеческих.

Разнообразны, странны и многообильны всякими приключениями бывали эти интересные и бесхитростные рассказы моей добродушной Домны Платоновны. Много я слышал от нее про разные свадьбы, смерти, наследства, воровства-кражи и воровства-мошенничества, про всякий

---

[28] Бзырит (диалект.) – рыскает, бегает.

нагольный и крытый разврат, про всякие петербургские мистерии и про вас, про ваши назидательные похождения, мои дорогие землячки Леканиды Петровны, про вас, везущих сюда с вольной Волги, из раздольных степей саратовских, с тихой Оки и из золотой благословенной Украины свои свежие, здоровые тела, свои задорные, но незлобивые сердца, свои безумно смелые надежды на рок, на случай, на свои ни к чему не годные здесь силы и порывания.

Но возвращаемся к нашей приятельнице Домне Платоновне. Вас, кто бы вы ни были, мой снисходительный читатель, не должно оскорблять, что я назвал Домну Платоновну нашей общей приятельницей. Предполагая в каждом читателе хотя самое малое знакомство с Шекспиром, я прошу его припомнить то гамлетовское выражение, что "если со всяким человеком обращаться по достоинству, то очень немного найдется таких, которые не заслуживали бы порядочной оплеухи"[29]. Трудно бывает проникнуть во святая святых человека!

Итак, мы с Домной Платоновной все водили хлеб-соль и дружбу; все она навещала меня и вечно, поспешая куда-нибудь по делу, засиживалась по целым часам на одном месте. Я тоже был у Домны Платоновны два или три раза в ее квартире у Знаменья и видел ту каморочку, в которой укрывалась до своего акта отречения Леканида Петровна, видел ту кондитерскую, в которой Домна Платоновна брала песочное пирожное, чтобы подкормить ее и утешить; видел, наконец, двух свежепривозных молодых "дамок", которые прибыли искать в Петербурге счастья и попали к Домне Платоновне "на Леканидкино место"; но никогда мне не удавалось выведать у Домны Платоновны, какими путями шла она и дошла до своего нынешнего положения и до своих оригинальных убеждений насчет собственной абсолютной правоты и всеобщего стремления ко всякому обману. Мне очень хотелось знать, что такое происходило с Домной Платоновной прежде, чем она зарядила: "Э, ге-ге, нет уж ты, батюшка, со мной, сделай милость, не спорь; я уж это лучше тебя знаю". Хотелось знать, какова была та благословенная купеческая семья на Зуше, в которой (то есть в семье) выросла этакая круглая Домна Платоновна, у которой и молитва, и пост, и собственное целомудрие, которым она хвалилась, и жалость к людям сходились вместе с сватовскою ложью, артистическою наклонностью к устройству коротеньких браков не любви ради, а ради интереса, и т.п. Как это, я думал, все пробралось в одно и то же толстенькое сердце и уживается в нем с таким изумительным согласием, что сейчас одно чувство толкает руку отпустить плачущей Леканиде Петровне десять пощечин, а другое поднимает ноги принести

---

[29] Слова Гамлета в одноименной трагедии Шекспира (II акт, 2-я сцена).

ей песочного пирожного; то же сердце сжимается при сновидении, как мать чистенько водила эту Леканиду Петровну, и оно же спокойно бьется, приглашая какого-то толстого борова поспешить как можно скорее запачкать эту Леканиду Петровну, которой теперь нечем и запереть своего тела!

Я понимал, что Домна Платоновна не преследовала этого дела в виде промысла, а принимала по-питерски, как какой-то неотразимый закон, что женщине нельзя выпутаться из беды иначе, как на счет своего собственного падения. Но все-таки, что же ты такое, Домна Платоновна? Кто тебя всему этому вразумил и на этот путь поставил? Но Домна Платоновна, при всей своей словоохотливости, терпеть не могла касаться своего прошлого.

Наконец неожиданно вышел такой случай, что Домна Платоновна, совершенно ненароком и без всяких с моей стороны подходов, рассказала мне, как она была проста и как "они" ее вышколили и довели до того, что она теперь никому на синь-порох не верит. Не ждите, любезный читатель, в этом рассказе Домны Платоновны ничего цельного. Едва ли он много поможет кому-нибудь выяснить себе процесс умственного развитии этой петербургский деятельницы. Я передаю вам дальнейший рассказ Домны Платоновны, чтобы немножко вас позабавить и, может быть, дать вам случай один лишний раз призадуматься над этой тупой, но страшной силой "петербургских обстоятельств", не только создающих и вырабатывающих Домну Платоновну, но еще предающих в ее руки лезущих в воду, не спрося броду, Леканид, для которых здесь Домна становится тираном, тогда как во всяком другом месте она сама чувствовала бы себя перед каждою из них парией или много что шутихой.

5

Был я в Петербурге болен и жил в то время в Коломне. Квартира у меня, как выразилась Домна Платоновна, "была какая-то особенная". Это были две просторные комнаты в старинном деревянном доме у маленькой деревянной купчихи, которая недавно схоронила своего очень благочестивого супруга и по вдовьему положению занялась ростовщичеством, а свою прежнюю опочивальню, вместе с трехспальною кроватью, и смежную с спальней гостиную комнату, с громадным киотом, перед которым ежедневно маливался ее покойник, пустила внаем.

146

У меня в так называемом зале были: диван, обитый настоящею русской кожей; стол круглый, обтянутый полинявшим фиолетовым плисом с совершенно бесцветною шелковою бахромою; столовые часы с медным арапом; печка с горельефной фигурой во впадине, в которой настаивалась настойка; длинное зеркало с очень хорошим стеклом и бронзовою арфою на верхней доске высокой рамы. На стенах висели: масляный портрет покойного императора Александра I; около него, в очень тяжелых золотых рамах за стеклами, помещались литографии, изображавшие четыре сцены из жизни королевы Женевьевы; император Наполеон по инфантерии и император Наполеон по кавалерии; какая-то горная вершина; собака, плавающая на своей конуре, и портрет купца с медалью на анненской ленте. В дальнем углу стоял высокий, трехъярусный образник с тремя большими иконами с темными ликами, строго смотревшими из своих блестящих золоченых окладов; перед образником лампада, всегда тщательно зажигаемая моею набожной хозяйкой, а внизу под образами шкафик с полукруглыми дверцами и бронзовым кантом на месте створа. Все это как будто не в Петербурге, а будто на Замоскворечье или даже в самом городе Мценске. Спальня моя была еще более мценская; даже мне казалось, что та трехспальная постель, в пуховиках которой я утопал, была не постель, а именно сам Мценск, проживающий инкогнито в Петербурге. Стоило только мне погрузиться в эти пуховые волны, как какое-то снотворное, маковое покрывало тотчас надвигалось на мои глаза и застилало от них весь Петербург с его веселящейся скукой и скучающей веселостью. Здесь, при этой-то успокоивающей мценской обстановке, мне снова довелось всласть побеседовать с Домной Платоновной.

Я простудился, и врач велел мне полежать в постели.

Раз, так часу в двенадцатом серенького мартовского дня, лежу я, уже выздоравливающий, и, начитавшись досыта, думаю: "Не худо, если бы кто-нибудь и зашел", да не успел я так подумать, как словно с этого моего желания сталось — дверь в мою залу скрипнула, и послышался веселый голос Домны Платоновны:

— Вот как это у тебя здесь прекрасно! и образа, и сияние перед божьим благословением — очень-очень даже прекрасно.

— Матушка, — говорю, — Домна Платоновна, вы ли это?

— Да некому, — отвечает, — друг мой, и быть, как не мне.

Поздоровались.

— Садитесь! — прошу Домну Платоновну.

Она села на креслице против моей постели и ручки свои с белым платочком на коленочки положила.

— Чем так хвораешь? — спрашивает.

147

– Простудился, – говорю.

– А то нынче очень много народу все на животы жалуются.

– Нет, я, – говорю, – я на живот не жалуюсь.

– Ну, а на живот не жалуешься, так это пройдет. Квартира у тебя нынче очень хороша.

– Ничего, – говорю, – Домна Платоновна.

– Отличная квартира. Я эту хозяйку, Любовь Петровну, давно знаю. Прекрасная женщина. Она прежде была испорчена и на голоса крикивала, да, верно, ей это прошло.

– Не знаю, – говорю, – что-то будто не слышно, не кричит.

– А у меня-то, друг мой, какое горе! – проговорила Домна Платоновна своим жалостным голосом.

– Что такое, Домна Платоновна?

– Ах, такое, дружочек, горе, такое горе, что... ужасное, можно сказать, и горе и несчастье, все вместе. Видишь, вон в чем я нынче товар-то ношу.

Посмотрел я, перегнувшись с кровати, и вижу на столике кружева Домны Платоновны, увязанные в черном шелковом платочке с белыми каемочками.

– В трауре, – говорю.

– Ах, милый, в трауре, да в каком еще трауре-то!

– Ну, а саквояж ваш где же?

– Да вот о нем-то, о саквояже-то, я и горюю. Пропал ведь он, мой саквояж.

– Как, – говорю, – пропал?

– А так, друг мой, пропал, что и по се два дни, как вспомню, так, господи, думаю, неужели ж таки такая я грешница, что ты этак меня испытуешь? Видишь, как удивительно это все случилось: видела я сон; вижу, будто приходит ко мне какой-то священник и приносит караваи, вот как, знаешь, в наших местах из каши из пшенной пекут. "На, – говорит, – тебе, раба, каравай". – "Батюшка, – говорю, – на что же мне и к чему каравай?" Так вот видишь, к чему он, этот каравай-то, вышел – к пропаже.

– Как же это, – спрашиваю, – Домна Платоновна, было?

– Было это, друг мой, очень удивительно. Ты знаешь купчиху Кошеверову?

– Нет, – говорю, – не знаю.

– А не знаешь, и не надо. Мы с ней приятельницы, и то есть даже не совсем и приятельницы, потому что она женщина преехидная и довольно даже подлая, ну, а так себе, знаешь, вот вроде как с тобой, знакомы. Зашла я к ней так-то, на свое несчастье, вечером да и засиделась. Все она, чтоб ей пусто было совсем, право, посиди да посиди, Домна Платоновна. Все ведь с жиру-то чем убивалась? что муж ее не ревнует, а чего ревновать, когда с рожи она престрашная и язык у нее такой пребольшущий, как у попугая. Рассказывает, болели у нее зубы, да лекарь велел ей поставить пиявицу врачебную к зубу, а фершалов мальчик ей эту пиявицу к языку припустил, и пошел у нее с тех пор в языке опух. Опять же таки у меня в этот вечер и дело было: к Пяти углам надо было в один дом сбегать к купцу — жениться тоже хочет; но она, эта Кошевериха, не пущает.

"Погоди, — говорит, — киевской наливочки выпьем, да Фадей Семенович, — говорит, — от всенощной придет, чайку напьемся: куда тебе спешить?"

"Как, — говорю, — мать, куда спешить?"

Ну, а сама все-таки, как на грех, осталась, да это то водочки, то наливочки, так налилась, что даже в голове у меня, чувствую, засточертело.

"Ну, — говорю ей, — извини, Варвара Петровна, очень тебе на твоем угощении благодарна, только уж больше пить не могу".

Она пристает, потчует, а я говорю:

"Лучше, мать моя, и не потчуй. Я свою плипорцию знаю и ни за что больше пить не стану".

"Сожителя, — говорит, — подожди".

"И сожителя, — говорю, — ждать не буду".

Стала на своем, что иду и иду, и только. Потому, знаешь, чувствую, что в голове-то уж у меня чертополох пошел. Выхожу это я, сударь ты мой, за ворота, поворачиваю на Разъезжую и думаю: возьму извозчика. Стоит тут сейчас на угле живейный[30], я и говорю:

"Что, молодец, возьмешь к Знаменью божьей матери?"

"Пятиалтынный".

"Ну, как, — отвечаю ему, — не пятиалтынный! пятачок".

А сама, знаешь, и иду по Разъезжей. Светло везде; фонари горят; газ в магазинах; и пешком, думаю, дойду, если не хочешь, варвар, пятачка взять, этакую близость проехать.

Только вдруг, сударь мой, порх этак передо мною какой-то господин. В пальте, в фуражке это, в калошах, ну одно слово — барин. И откуда это только он передо мною вырос, вот хоть убей ты меня, никак не понимаю.

"Скажите, — говорит, — сударыня (еще сударыней, подлец, назвал), скажите, — говорит, — сударыня, где тут Владимирская улица?"

"А вот, — говорю, — милостивый государь, как прямо-то пойдете, да сейчас будет переулок направо..." — да только это-то выговорила, руку-то, знаешь, поднявши ему указываю, а он дерг меня за саквояж.

---

[30] Живейный – извозчик, возивший пассажиров (в отличие от ломового, возившего грузы).

"Наше, – говорит, – вам сорок одно да кланяться холодно", – да и мах от меня.

"Ах, – говорю, – ты варвар! ах, мерзавец ты этакой!" Все это еще за одну надсмешку только считаю. Но с этим словом глядь, а саквояжа-то моего нет.

"Батюшки! – заорала я что было у меня силы, во всю мою глотку. – Батюшки! – ору, – помогите! догоните его, варвара! догоните его, злодея!" И сама-то, знаешь, бегу-натыкаюсь и людей-то за руки ловлю, тащу: помогите, мол, защитите: саквояж мой сейчас унес какой-то варвар! Бегу, бегу, ажно ноженьки мои стали, а его, злодея, и след простыл. Ну, и то сказать, где ж мне, дыне этакой, его, пса подчегарого, догнать! Обернусь так-то на народ, крикну: "Варвары! что ж вы глазеете! креста на вас нет, что ли?" Ну, бегла, бегла да и стала. Стала и реву. Так ревма и реву, как дура. Сижу на тунбе да и реву. Собрался около меня народ, толкует: "Пьяная, должно быть".

"Ах вы, варвары, – говорю, – этакие! Сами вы пьяные, а у меня саквояж сейчас из рук украдено".

Тут городовой подошел. "Пойдем, – говорит, – тетка, в квартал".

Приводит меня городовой в квартал, я опять закричала.

Смотрю, из двери идет квартальный поручик и говорит:

"Что ты здесь, женщина, этак шумишь?"

"Помилуйте, – говорю, – ваше высокоблагородие, меня так и так сейчас обкрадено".

"Написать, – говорит, – бумагу".

Написали.

"Теперь иди, – говорит, – с богом".

Я пошла.

Прихожу через день: "Что, – говорю, – мой саквояж, ваше благородие?"

"Иди, – говорит, – бумаги твои пошли, ожидай".

Ожидаю я, ожидаю; вдруг в часть меня требуют. Приведи в этакую большую комнату, и множество там лежит этих саквояжев. Частный майор, вежливый этакой мужчина и собою красив, узнайте, говорит, ваш саквояж.

Посмотрела я – все не мои саквояжи.

"Нет-с, – говорю, – ваше высокоблагородие, нет здесь моего саквояжа".

"Выдайте, – приказывает, – ей бумагу".

"А в чем, – спрашиваю, – ваше высокоблагородие, мне будет бумага?"

"В том, – говорит, – матушка, что вас обкрадено".

– "Что ж, – докладываю ему, – мне по этой бумаге, ваше высокоблагородие?"

"А что ж, матушка, я вам еще могу сделать?"

Дали мне эту бумагу, что меня точно обкрадено, и идите, говорят, в благочинную управу. Прихожу я нонче в благочинную управу, подаю эту бумагу; сейчас выходит из дверей какой-то член, в полковницком одеянии, повел меня в комнату, где видимо-невидимо лежит этих саквояжев.

"Смотрите", – говорит.

"Вижу, мол, ваше высокоблагородие; ну только моего саквояжа нет".

"Ну, погодите, – говорит, – сейчас вам генерал на бумаге подпишет".

Сижу я и жду-жду, жду-жду; приезжает генерал: подали ему мою бумагу, он и подписал.

"Что ж это такое генерал подписали на моей бумаге?" – спрашиваю чиновника.

"А подписали, – отвечает, – что вас обкрадено". Держу эту бумагу при себе.

– Держите, – говорю, – Домна Платоновна.

– Неравно сыщется.

– Что ж, на грех мастера нет.

– Ох, именно уж нет на грех мастера! Что б это мне, кабы знатье-то, остаться у нее, у Кошеверихи-то, переночевать.

– Да хоть бы, – говорю, – уж на извозчика-то вы не пожалели.

– Об извозчике ты не говори; извозчик все равно такой же плут. Одна ведь у них у всех, у подлецов, стачка.

– Ну где, – говорю, – так уж у всех одна стачка! Разве их мало, что ли?

– Да вот ты поспорь! Я уж это мошенничество вот как знаю.

Домна Платоновна поднесла вверх крепко сжатый кулак и посмотрела на него с некоторой гордостью.

– Со мной извозчик-то, когда я еще глупа была, лучше гораздо сделал, – начала она, опуская руку. – С вывалом, подлец, вез, да и обобрал.

– Как это, – говорю, – с вывалом?

– А так, с вывалом, да и полно: ездила я зимой на Петербургскую сторону, барыне одной мантиль кружевную в кадетский корпус возила. Такая была барынька маленькая и из себя нежная, ну, а станет торговаться – раскричится, настоящая примадона. Выхожу я от нее, от этой барыньки, а уж темнеет. Зимой рано, знаешь, темнеет. Спешу это, спешу, чтоб до пришпекта скорей, а из-за угла извозчик, и этакой будто вохловатый[31] мужичок. Я, говорит, дешево свезу.

---

[31] Вохлы (псковск.) – космы, патлы.

"Пятиалтынный, мол, к Знаменью", – даю ему.

– Ну, как же это, – перебиваю, – разве можно давать так дешево, Домна Платоновна!

– Ну вот, а видишь, можно было. "Ближней дорогой, – говорит, – поедем". Все равно! Села я в сани – саквояжа тогда у меня еще не было: в платочке тоже все носила. Он меня, этот черт извозчик, и повез ближней дорогой, где-то по-за крепостью, да на Неву, да все по льду, да по льду, да вдруг как перед этим, перед берегом, насупротив самой Литейной, каа-ак меня чебурахнет в ухаб. Так меня, знаешь, будто снизу-то кто под самое под донышко-то чук! – я и вылетела... Вылетела я в одну сторону, а узелок и бог его знает куда отлетел. Подымаюсь я, вся чуня-чуней, потому вода по колдобинам стояла. "Варвар! – кричу на него, – что ты это, варвар, со мной сделал?" А он отвечает: "Ведь это, – говорит, – здесь ближняя дорога, здесь без вывала невозможно". – "Как, – говорю, – тиран ты этакой, невозможно? Разве так, – говорю, – возят?" А он, подлец, опять свое говорит: "Здесь, купчиха, завсегда с вывалом; я потому, – говорит, – пятиалтынный и взял, чтобы этой ближней дорогой ехать". Ну, говори ты с ним, с извергом! Обтираюсь я только да оглядываюсь; где мой узелочек-то, оглядываюсь, потому как раскинуло нас совсем врозь друг от друга. Вдруг откуда ни возьмись этакой офицер, или вроде как штатский какой с усами: "Ах ты, бездельник этакой! – говорит, – мерзавец! везешь ты этакую даму полную и этак неосторожно?" – а сам к нему к зубам так и подсыкается.

"Садитесь, – говорит, – сударыня, садитесь, я вас застегну".

"Узелок, – говорю, – милостивый государь, я обронила, как он, изверг, встряхнул-то меня".

"Вот, – говорит, – вам ваш узелок", – и подает.

"Ступай, подлец, – крикнул на извозчика, – да смотрри! А вы, – говорит, – сударыня, ежели он опять вас вывалит, так вы его без всяких околичностей в морду".

"Где, – отвечаю, – нам, женщинам, с ними, с мереньями, справиться".
Поехали.

Только, знаешь, на Гагаринскую взъехали – гляжу, мой извозчик чего-то пересмеивается.

"Чего, мол, умный молодец, еще зубы скалишь?"

"Да так, – говорит, – намеднясь я тут дешево жида вез, да как вспомню это, и не удержусь".

"Чего ж, – говорю, – смеяться?"

"Да как же, – говорит, – не смеяться, когда он мордою-то прямо в лужу, да как вскочит, да кричит юх, а сам все вертится".

"Чего же, – спрашиваю, – это он так юхал?"

"А уж так, – говорит, – видно, это у них по религии".

Ну, тут и я начала смеяться.

Как вздумаю этого жида, так и не могу воздержаться, как он бегает да кричит это юх, юх.

"Пустая же самая, – говорю, – после этого их и религия".

Приехали мы к дому к нашему, встаю я и говорю: "Хоша бы стоило тебя, – говорю, – изверга, наказать и хоть пятачок с тебя вычесть, ну, только греха одного боясь: на тебе твой пятиалтынный".

"Помилуйте, – говорит, – сударыня, я тут ничем не причинен: этой ближней дорогой никак без вывала невозможно; а вам, – говорит, – матушка, ничего: с того растете".

"Ах, бездельник ты, – говорю, – бездельник! Жаль, – говорю, – что давешний барин мало тебе в шею-то наклал".

А он отвечает: "Смотри, – говорит, – ваше степенство, не оброни того, что он тебе-то наклал", – да с этим нно! на лошаденку и поехал.

Пришла я домой, поставила самоварчик и к узелку: думаю, не подмок ли товар; а в узелке-то, как глянула, так и обмерла. Обмерла, я тебе говорю, совсем обмерла. Хочу взвесть голос, и никак не взведу; хочу идти, и ножки мои гнутся.

– Да что ж там такое было, Домна Платоновна?

– Что – стыдно сказать что: гадости одни были.

– Какие гадости?

– Ну известно, какие бывают гадости: шароварки скинутые – вот что было.

– Да как же, – говорю, – это так вышло?

– А вот и рассуждай ты теперь, как вышло. Меня попервоначалу это-то больше и испугало, что как он на Неве скинуть мог их да в узелок завязать. Вижу и себе не верю. Прибежала я в квартал, кричу: батюшки, не мой узел.

"Знаем, – говорят, – что немой; рассказывай толком".

Рассказала.

Повели меня в сыскную полицию. Там опять рассказала. Сыскной рассмеялся.

"Это, верно, – говорит, – он, подлец, из бани шел".

А враг его знает, откуда он шел, только как это он мне этот узелок подсунул?

– В темноте, – говорю, – не мудрено, Домна Платоновна.

– Нет, я к тому, что ты говоришь извозчик-то: не оброни, говорит, что накладено! Вот тебе и накладено, и разумей, значит, к чему эти его слова-то были.

— Вам бы, — говорю, — надо тогда же, садясь в сани, на узелок посмотреть.

— Да как, мой друг, хочешь смотри, а уж как обмошенничать тебя, так все равно обмошенничают.

— Ну, это, — говорю, — уж вы того...

— Э, ге-ге-ге! Нет, уж ты сделай свое одолжение: в глазах тебя самого не тем, чем ты есть, сделают. Я тебе вот какой случай скажу, как в глаза-то нашего брата обделывают. Иду я — вскоре это еще как из своего места сюда приехала, — и надо мне было идти через Апраксин. Тогда там теснота была, не то что теперь, после пожару — теперь прелесть как хорошо, а тогда была ужасная гадость. Ну, иду я, иду себе. Вдруг откуда ни возьмись молодец этакой, из себя красивый: "Купи, — говорит, — тетенька, рубашку". Смотрю, держит в руках ситцевую рубашку, совсем новую, и ситец преотличный такой — никак не меньше как гривен шесть за аршин надо дать.

"Что ж, — спрашиваю, — за нее хочешь?"

"Два с полтиной".

"А что, — говорю, — из половинки уступишь?"

"Из какой половины?"

"А из любой, — говорю, — из какой хочешь". Потому что я знаю, что в торговле за всякую вещь всегда половину надо давать.

"Нет, — отвечает, — тетка, тебе, видно, не покупать хороших вещей", — и из рук рубашку, знаешь, дергает.

"Дай же", — говорю, потому вижу, рубашка отличная, целковых три кому не надо стоит.

"Бери, — говорю, — руль".

"Пусти, — говорит, — мадам!" — дернул и, вижу, свертывает ее под полу и оглядывается. Известное дело, думаю, краденая; подумала так и иду, а он вдруг из-за линии выскакивает: "Давай, — говорит, — тетка, скорей деньги. Бог с тобой совсем: твое, видно, счастье владеть".

Я ему это в руки руль-бумажку даю, а он мне самую эту рубаху скомканную отдает.

"Владай, — говорит, — тетенька", а сам верть назад и пошел.

Я положила в карман портмоне, да покупку-то эту свою разворачиваю, ан гляжу — хлоп у меня к ногам что-то упало. Гляжу — мочалка старая, вот что в небели бывает. Я тогда еще этих петербургских обстоятельств всех не знала, дивуюсь: что, мол, это такое? да на руки-то свои глядь, а у меня в руках лоскут! Того же самого ситца, что рубашка была, так лоскуток один с пол-аршина. А эти меренье приказчики грохочут: "К нам, — трещат, — тетенька, пожалуйте; у нас, — говорят, — есть и фас-канифас и для глупых баб припас". А другой опять подходит: "У нас, — говорит, — тетенька, для вашей милости саван есть подержанный чудесный". Я уж это все мимо ушей пущаю: шут, думаю, с вами совсем. Даже, я тебе говорю, сомлела я; страх на меня напал, что это за лоскут такой? Была рубашка, а стал лоскут. Нет, друг мой, они как захотят, так все сделают. Ты Егупова полковника знаешь?

– Нет, не знаю.

– Ну как, чай, не знать! Красивый такой, брюхастый: отличный мужчина. Девять лошадей под ним на войне убили, а он жив остался: в газетах писано было об этом.

– Я его все-таки, Домна Платоновна, не знаю.

– Что нам с ним один варвар сделал? Это, я тебе говорю, роман, да еще и романов-то таких немного – на театре разве только можно представить.

– Матушка, – говорю, – вы уж не мучьте, рассказывайте!

– Да, эту историю уж точно что стоит рассказать. Как он только называется?.. есть тут землемер... Кумовеев ни то Макавеев, в седьмой роте в Измайловском он жил.

– Бог с ним.

– Бог с ним? Нет, не бог с ним, а разве черт с ним, так это ему больше кстати.

– Да это я только о фамилии-то.

– Да, о фамилии – ну, это пожалуй; фамилия ничего – фамилия простая, а что сам уж подлец, так самый первый в столице подлец. Пристал: "Жени меня, Домна Платоновна!"

"Изволь, – говорю, – женю; отчего, – говорю, – не женить? – женю".

Из себя он тварь этакая видная, в лице белый и усики этак твердо носит.

Ну, начинаю я его сватать; отягощаюсь, хожу, выискала ему невесту из купечества – дом свой на Песках, и девушка порядочная, полная, румяная; в носике вот тут-то в самой в переносице хоть и был маленький изъянец, но ничего это – потому от золотухи это было. Хожу я, и его, подлеца, с собою вожу, и совсем уж у нас дело стало на мази. Тут уж я, разумеется, надзираю за ним как не надо лучше, потому что это надо делать безотходительно, да уж и был такой и слух, что он с одной девицей из купечества обручившись и деньги двести серебра на окипировку себе забрал, а им дал женитьбенную расписку, но расписка эта оказалась коварная, и ничего с ним по ней сделать не могли. Ну, уж знавши такое про человека, разумеется, смотришь в оба – нет-нет да и завернешь с визитом. Только прихожу, сударь мой, раз один к нему – а он, надо тебе знать, две комнаты занимал: в одной так у него спальния его была, а в другой вроде зальца. Вхожу это и вижу, дверь из зальцы в спальню к нему

155

затворена, а какой-то этакой господин под окном, надо полагать вояжный путешествующий, проезжий (франц.); потому ледунка[32] у него через плечо была, и сидит в кресле и трубку курит. Это-то вот он самый, полковник-то Егупов, и будет.

"Что, – я говорю, этак сама-то к нему оборачиваюсь, – или, – говорю, – хозяина дома нет?"

А он мне на это таково сурово махнул головой и ничего не ответил, так что я не узнала: дома землемер или его нету.

Ну, думаю, может, у него там дамка какая, потому что хоть он и жениться собирается, ну а все же. Села я себе и сижу. Но нехорошо же, знаешь, так в молчанку сидеть, чтоб подумали, что ты уж и слова сказать не умеешь.

"Погода, – говорю, – стоит нынче какая преотличная".

Он это сейчас же на мои слова вскинул на меня глазами, да, как словно из бочки, как рявкнет: "Что, – говорит, – такое?"

"Погода, – опять говорю, – стоит очень приятная".

"Врешь, – говорит, – пыль большая".

Пыль таки и точно была, ну, а все я, знаешь, тут же подумала, что ты, мол, это такой? Из каких таких взялся, что очень уж рычишь сердито?

"Вы, – говорю ему опять, – как Степану Матвеевичу – сродственник будете или приятели только, знакомые?"

"Приятель", – отвечает.

"Отличный, – говорю, – человек Степан Матвеич".

"Мошенник, – говорит, – первой руки".

Ну, думаю, верно Степана Матвеича дома нет.

"Вы, – говорю, – давно их изволите знать?"

"Да знал, – говорит, – еще когда баба девкой была".

"Это, – отвечаю, – сударь, и с тех пор, как я их зазнала, может, не одна уж девка бабой ходит, ну только я не хочу греха на душу брать – ничего за ними худого не замечала".

А он ко мне этак гордо:

"Да у тебя на чердаке-то что, – говорит, – напхано? – сено!"

"Извините, – говорю, – милостивый государь, у меня, слава моему создателю, пока еще на плечах не чердак, а голова, и не сено в ней, а то же самое, что и у всякого человека, что богом туда приназначено".

"Толкуй!" – говорит.

"Мужик ты, – думаю себе, – мужиком тебе и быть".

А он в это время вдруг меня и спрашивает:

"Ты, – говорит, – его брата Максима Матвеева знаешь?"

---

[32] Ледунка (лядунка) – патронташ.

"Не знаю, – говорю, – сударь: кого не знаю, про того и лгать не хочу, что знаю".

"Этот, – говорит, – плут, а тот и еще почище. Глухой".

"Как, – говорю, – глухой?"

"А совсем-таки, – говорит, – глухой: одно ухо глухо, а в другом золотуха, и обоими не слышит".

"Скажите, – говорю, – как удивительно!"

"Ничего, – говорит, – тут нет удивительного".

"Нет, я, мол, только к тому, что один брат такой красавец, а другой – глух".

"Ну да; то-то совсем ничего в этом и нет удивительного; вон у меня у сестры на роже красное пятно, как лягушка точно сидит: что ж мне-то тут такого!"

"Родительница, – говорю, – верно, в своем интересе чем испугалась?"

"Самовар, – говорит, – ей девка на пузо вывернула".

Ну, я тут-то вежливо пожалела.

"Долго ли, – говорю, – с этими, с быстроглазыми, до греха", – а он опять и начинает:

"Ты, – говорит, – если только не совсем ты дура, так разбери: он, этот глухой брат-то его, на лошадей охотник меняться".

"Так-с", – говорю.

"Ну, а я его вздумал от этого отучить, взял да ему слепого коня и променял, что лбом в забор лезет".

"Так-с", – говорю.

"А теперь мне у него для завода бычок понадобился, я у него этого бычка и купил и деньги отдал; а он, выходит, совсем не бык, а вол".

"Ах, – говорю, – боже мой, какая оказия! Ведь это, – говорю, – не годится".

"Уж разумеется, – говорит, – когда вол, так не годится. А вот я ему, глухому, за это вот какую шутку отшучу: у меня на этого его брата, Степана Матвеича, расписка во сто рублей есть, а у них денег нет; ну, так я им себя теперь и покажу".

"Это, – говорю, – точно, что можете показать".

"Так ты, – говорит, – так и знай, что этот Максим Матвеич – каналья, и я вот его только дождусь и сейчас его в яму".

"Я, мол, их точно в тонкость не знаю, а что сватаючи их, сама я их порочить не должна".

"Сватаешь!" – вскрикнул.

"Сватаю-с".

"Ах ты, – говорит, – дура ты, дура! Нетто ты не знаешь, что он женатый?"

157

"Не может, – говорю, – быть!"

"Вот тебе и не может, когда трое детей есть".

"Ах, скажите, – говорю, – пожалуйста!" "Ну, Степан, – думаю, – Матвеич, отличную ж вы было со мной штуку подшутили!" – и говорю, что, стало быть же, говорю, как я его теперь замечаю, он, однако, фортель!

А он, этот полковник Егупов, говорит: "Ты если хочешь кого сватать, так самое лучшее дело – меня сосватай".

"Извольте, мол".

"Нет, я, – говорит, – это тебе без всяких шуток, вправду говорю".

"Да извольте, – отвечаю, – извольте!"

"Ты мне, кажется, не веришь?"

"Нет-с, отчего же: это, мол, действительно, если человек имеет расположение от рассеянной жизни уволиться, то самое первое дело ему жениться на хорошей девушке".

"Или, – говорит, – хоть на вдове, но чтоб только с деньгами".

"Да, мол, или на вдове".

Пошли у нас тут с ним разговоры; дал он мне свой адрес, и стала я к нему ходить. Что только тоже я с ним, с аспидом, помучилась! Из себя страшный-большой и этакой фантастический – никогда он не бывает в одном положении, а всякого принимает по фантазии. Есть, разумеется, у людей разное расположение, ну только такого мужчину, как этот Егупов, не дай господи никакой жене на свете. Станет, бывало, бельма выпучит, а сам, как клоп, кровью нальется – орет: "Я тебя кверху дном поставлю и выворочу. Сейчас наизнанку будешь!" Глядя на это, как он беснуется, думаешь: "Ах, обиду какую кровную ему кто нанес!" – а он сердит оттого, что не тем боком корова почесалась. Ну, однако, сосватала я и его на одной вдове на купеческой. Такая-то, тоже ему под пару, точно на заказ была спечена, туша присноблаженная. Ну-с, сударь ты мой, отбылись смотрины, и сговор назначили.

Приезжаем мы с ним на этот сговор, много гостей – родственники с невестиной стороны и знакомые, все хорошего поколения, значительного, и смотрю, промеж гостей, в одном угле на стуле сидит этот землемер Степан Матвеич.

Очень это мне не показалось, что он тут, но ничего я не сказала.

Верно, думаю, должно быть, его из ямы выпустили, он и пришел по знакомству.

Ну, впрочем, идет все как следует. Прошла помолвка, прошло образование, и все ничего. Правда, дядя невестин, Колобов Семен Иваныч, купец, пьяный пришел и начал было врать, что это, говорит, совсем не полковник, а Федоровой банщицы сын. "Лизни, – говорит, – его кто-нибудь языком в ухо, у него такая привычка, что он сейчас за это

158

драться станет. Я, – болтает, – его знаю; это он одел эполеты, чтоб пофорсить, но я с него эти эполеты сейчас сорву", ну, только этого же не допустили, и Семена Иваныча самого за это сейчас отвели в пустую половину, в холодную.

Но вдруг, во время самого благословения, отец невестин поднимает образ, а по зале как что-то загудет! Тот опять поднимает икону, а по зале опять гу-у-у-у! – и вдруг явственно выговаривает:

"Нечего, – говорит, – петь Исаю, когда Мануил в чреве".

Господи! даже оторопь на всех напал. Невесте конфуз; Егупов, гляжу, тоже бельмами-то своими на меня.

Ну что, думаю, ты-то! ты-то что, батюшка, на меня остребенился, как черт на попа?

А в зале опять как застонет:

"К небесам в поле пыль летит, к женатому жениху – жена катит, богу молится, слезьми обливается".

Бросились туда-сюда – никого нет.

Боже мой, что тут поднялось! Невестин отец образ поставил да ко мне, чтоб бить; а я, видючи, что дело до меня доходит, хвост повыше подобрамши, да от него драла. Егупов божится, что он сроду женат не был: говорит, хоть справки наведите, а глас все свое, так для всех даже внимательно: "Не вдавайте, – говорит, – рабы, отроковицу на брак скверный". Все дело в расстрой! – Что ж, ты думаешь, все это было?.. Приходит ко мне после этого через неделю Егупов сам и говорит: "А знаешь, – говорит, – Домна, ведь это все подлец землемер пупком говорил!"

– Ну, как так, – спрашиваю, – Домна Платоновна, пупком?

– А пупком, или чревом там, что ли, бес его лукавый знает, чем он это каверзил. То есть я тебе говорю, что все это они нонче один перед другим ухитряются, один перед другим выдумывают, и вот ты увидишь, что они чисто все государство запутают и изнищут.

Я даже смутился при выражении Домною Платоновною совершенно неожиданных мною опасений за судьбы российского государства. Домна Платоновна, всеконечно, заметила это и пожелала полюбоваться производимым ею политическим эффектом.

– Да, право, ей-богу! – продолжала она ноткою выше. – Ты только сам, помилуй, скажи, что хитростев всяких настало? Тот летит по воздуху, что птице одной назначено; тот рыбою плавлет и на дно морское опускается; тот теперь – как на Адмиралтейской площади – огонь серный ест; этот животом говорит; другой – еще что другое, что человеку непоказанное – делает... Господи! бес, лукавый сам, и тот уж им

159

повинуется, и все опять же таки не к пользе, а ко вреду. Со мной ведь один раз было же, что была я отдана бесам на поругание!

– Матушка, – говорю, – неужто и это было?

– Было.

– Так не томите, рассказывайте.

– Давно это, лет, может быть, двенадцать тому будет, молода я еще в те поры была и неопытна, и задумала я, овдовевши, торговать. Ну, чем, думаю, торговать? Лучше нечем, по женскому делу, как холстом, потому – женщина больше в этом понимает, что к чему принадлежит. Накуплю, думаю, на ярманке холста и сяду у ворот на скамеечке и буду продавать. Поехала я на ярманку, накупила холста, и надо мне домой ворочаться. Как, думаю, теперь мне с холстом домой ворочаться? А на двор на постоялый, хлоп, въезжает троешник.

"Везли мы, – сказывает, – из Киева, в коренную, на семи тройках орех, да только орех мы этот подмочили, и теперь, – говорит, – сделало с нас купечество вычет, и едем мы к дворам совсем без заработка".

"Где ж, – спрашиваю, – твои товарищи?"

"А товарищи, – отвечает, – кто куда в свои места поехали, а я думаю, не найду ли хоть седочков каких".

"Откуда же, – пытаюсь, – из каких местов ты сам?"

"А я куракинский, – говорит, – из села из Куракина".

Как раз это мне к своему месту, "Вот, – говорю, – я тебе одна седачка готовая".

Поговорили мы с ним и на рубле серебра порешили, что пойдет он по дворам, чтоб еще седоков собрать, а завтра чтоб в ранний обед и ехать.

Смотрю, завтра это вдруг валит к нам на двор один человек, другой, пятый, восьмой, и все мужчины из торговцев, и красики такие полные. Вижу, у одного мешок, у другого – сумка, у третьего – чемодан, да еще ружье у одного.

"Куда ж, – говорю извозчику, – ты это нас всех запихаешь?"

"Ничего, – говорит, – улезете – повозка большая, сто пудов возим". Я, признаться, было хоть и остаться рада, да рупь-то ему отдан, и ехать опять не с кем.

С горем с таким и с неудовольствием, ну, однако, поехала. Только что за заставу мы выехали, сейчас один из этих седоков говорит: "Стой у кабака!" Пили они тут много и извозчика поят. Поехали. Опять с версту отъехали, гляжу – другой кричит: "Стой, – говорит, – здесь Иван Иваныч Елкин живет, никак, – говорит, – его минать не должно".

Раз они с десять этак останавливались все у своего Ивана Иваныча Елкина.

Вижу я, что дело этак уж к ночи и что извозчик наш распьяным-пьяно-пьян сделался.

"Ты, – говорю, – не смей больше пить".

"Отчего это так, – отвечает, – не смей? Я и так, – говорит, – не смелый, я все это не смеючи действоваю".

"Мужик, – говорю, – ты, и больше ничего".

"Ну-к что ж, что мужик! а мне, – говорит, – абы водка".

"Тварь-то, глупец, – учу его, – пожалел бы свою!"

"А вот я, – говорит, – ее жалею", – да с этим словом мах своим кнутовищем и пошел задувать. Телега-то так и подскакивает. Того только и смотрю, что сейчас опрокинемся, и жизни нашей конец. А те пьяные все заливаются. Один гармонию вынул, другой песню орет, третий из ружья стреляет. Я только молюсь: "Пятница Просковея, спаси и помилуй!"

Неслись мы, неслись во весь кульер, и стали кони наши наконец приставать, и поехали мы опять шагом. На дворе уж этак смерклось, и не то чтобы, как сказать, дождь шел, а все будто туман брызгает. Руки у меня просто страсть как набрякли держамшись, и уж я рада-радешенька, что наконец мы едем тихо; сижу уж и голосу не подаю. А у тех тем часом, слышу, разговор пошел: один сказывает, что разбойники тут по дороге шляются, а другой отвечает ему, что он разбойников не боится, потому что у него ружье два раза стрелять может. Опять еще какой-то о мертвецах заговорил: я, рассказывает, мертвую кость имею, кого, говорит, этою костью обведу, тот сейчас мертвым сном заснет и не подымется; а другой хвастается, что у него есть свеча из мертвого сала. Я это все слушала, и вдруг все словно кто меня стал за нос водить, и ударил на меня сон, и в одну минуту я заснула.

Только крепко я заснуть никак не могла, потому что все нас, словно орехи в решете, протряхивало, и во сне мне слышится, как будто кто-то говорит: "Как бы, – говорит, – нам эту чертову бабу от себя вон выкинуть, а то ног некуда протянуть". Но я все сплю.

Вдруг, сударь ты мой, слышу крик, визг, гам. Что такое? Гляжу – ночь, повозка наша стоит, и около нее все вертятся, да кричат, а что кричат – не разобрать.

"Шурле-мурле, шире-мире-кравермир", – орет один.

Наш это, что с ружьем-то ехал, бац из одного ружья – пистолет лопнул, а стрельбы нет, бац из другого – пистолет опять лопнул, а стрельбы нет.

Вдруг этот, что кричал-то, опять как заорет: шире-мире-кравермир! да с этим словом хап меня под руки-то из телеги да на поле, да ну вертеть, ну крутить. Боже мой, думаю, что ж это такое! Гляну, гляну вокруг себя – все

161

рожи такие темные, да все вертятся и меня крутят да кричат: шире-мире! да за ноги меня, да ну раскачивать.

"Батюшка! – взмолилась я, такое над собой в первый раз видючи, – Никола божий амченский! триех дев непорочный невестителю! чистоты усердной хранителю! не допусти же ты им хоть наготу-то мою недостойную видеть!"

Только что я это в сердце своем проговорила, и вдруг чувствую, что тишина вокруг меня стала необъятная, и лежу будто я в поле, в зелени такой изумрудной, и передо мною, перед ногами моими плывет небольшое этакое озерцо, но пречистое, препрозрачное, и вокруг него, словно бахрома густая, стоит молодой тростник и таково тихо шатается.

Забыла я тут и про молитву, и все смотрю на этот тростник, словно сроду я его не видала.

Вдруг вижу я что же? Вижу, что с этого с озера поднимается туман, такой сизый, легкий туман, и, точно настоящая пелена, так по полю и расстилается. А тут под туманом на самой на середине озера вдруг кружочек этакой, как будто рыбка плеснулась, и выходит из этого кружочка человек, так маленький, росту не больше как с петуха будет; личико крошечное; в синеньком кафтанчике, а на головке зеленый картузик держит.

"Удивительный, – думаю, – какой человек, будто как куколка хорошая", – и все на него смотрю, и глаз с него не спускаю, и совсем его даже не боюсь, вот таки ни капли не боюсь.

Только он, смотрю, начинает всходить-всходить, и все ко мне ближе, ближе и, на конец того дела, прыг прямо ко мне на грудь. Не на самую, знаешь, на грудь, а над грудью стоит на воздухе и кланяется. Таково преважно поднял свой картузик и здравствуется.

Смех меня на него разбирает ужасный: "Где ты, – думаю, – такой смешной взялся?"

А он в это время хлоп свой картузик опять и говорит... да ведь что же говорит-то!

"Давай, – говорит, – Домочка, сотворим с тобой любовь!"

Так меня смех и разорвал.

"Ах ты, – говорю, – шиш ты этакой! Ну, какую ты можешь иметь любовь?"

А он вдруг задом ко мне верть и запел молодым кочетком: кука-реку-ку-ку!

Вдруг тут зазвенело, вдруг застучало, вдруг заиграло: стон, я тебе говорю, стоит. Боже мой, думаю, что ж это такое? Лягушки, карпии, лещи, раки, кто на скрипку, кто на гитаре, кто в барабаны бьют; тот пляшет, тот скачет, того вверх вскидывает!

"Ах, – думаю, – плохо это! Ах, совсем это нехорошо! Огражду я себя, – думаю, – молитвой", да хотела так-то зачитать: "Да воскреснет бог", – а на место того говорю: "Взвейся, выше понесися", – и в это время слышу в животе у меня бум-бурум-бум, бум-бурум-бум.

"Что это, мол, я такое: тарбан, что ль?" – и гляжу, точно я тарбан. Стоит надо мной давешний человечек маленький и так-то на мне нарезывает.

"Ох, – думаю, – батюшки! ох, святые угодники!" – а он все по мне смычком-то пилит-пилит, и такое на мне выигрывает, и вальсы, и кадрели всякие, а другие еще поджигают: "Тарабань жесче, жесче тарабань!" – кричат.

Боль, тебе говорю, в животе непереносная, а все гуду. И так целую ночь целехонькую на мне тарабанили; целую ночь до бела до света была я им, крещеный человек, заместо тарбана[33]; на утешение им, бесам, служила.

– Это, – говорю, – ужасно.

– И очень даже, мой друг, ужасно. Но тем это еще было ужаснее, что утром, как оттарабанили они на мне всю эту свою музыку, я оглядываюсь и вижу, что место мне совсем незнакомое: поле, лужица этакая точно есть большая, вроде озерца, и тростник, и все, как я видела, а с неба солнце печет жарко, и прямо мне во всю наружность. Гляжу, тут же и мой сверточек с холстами и сумочка – все в целости; а так невдалеке деревушка. Я встала, доплелась до деревушки, наняла мужика, да к вечеру домой и доехала.

– И что же вы, Домна Платоновна, уверены, что все это с вами действительно приключилось?

– А то врать я, что ли, на себя стану?

– Нет, я говорю про то, что именно так ли все это было-то?

– Так и было, как я тебе сказываю. А ты вот подивись, как я им наготы-то своей не открыла.

Я подивился.

– Да; вот и с бесом да совладала, а с лукавым человеком так вышло раз иначе.

– Как же вышло?

– Слушай. Купила я для одной купчихи мебель, на Гороховой у выезжих. Были комоды, столы, кровати и детская короватка с этаким с тесьменным дном. Заплатила я тринадцать рублей деньги, выставила все в коридор и пошла за извозчиком. Взяла за рупь за сорок к Николе

---

[33] Тарбан (торбан) – струнный музыкальный инструмент типа украинской бандуры.

Морскому извозчика ломового и укладываем с ним мебель, а хозяева, у которых купила-то я, на ту пору вышли и квартиру замкнули. Вдруг откуда ни возьмись дворники, татары, "халам-балам": как ты смеешь, орут, вещи брать? Я туда, я сюда – не спускают. А тут дождь, а тут извозчик стоять не хочет. Боже мой! Насилу я надумалась: ну, ведите, говорю, меня в квартал – я, говорю, квартального жена. И только это сказала, входят на двор эти господа, у которых мебель купила. "Продана, – говорят, – точно, ей эта мебель продана". Ну, извозчик мой говорит: садись. Думаю, и точно, замест того, чтоб на живейного тратить, сяду я в короватку детскую. Высоко они эту короватку, на самом на верху воза над комодой утвердили, но я вскарабкалась и села. Только что ж бы ты думал? Не успела я со двора выехать, как слышу, низок-то подо мною тресь-тресь-тресь.

"Ах, – думаю, – батюшки, ведь это я проваливаюсь!" И с этим словом хотела встать на ноги, да трах – и просунулась. Так верхом, как жандар, на одной тесемке и сижу. Срам, я тебе говорю, просто насмерть! Одежа вся взбилась, а ноги голые над комодой мотаются; народ дивуется; дворники кричат: "Закройся, квартальничиха", – а закрыться нечем. Вот он варвар какой!

– Это кто же, – говорю, – варвар?

– Да извозчик-то: где же, скажи ты, пожалуй, зевает на лошадь, а на пассажира и не посмотрит. Мало ведь чуть не всю Гороховую я так проехала, да уж городовой, спасибо ему, остановил. "Что это, – говорит, – за мерзость такая? Это не позволено, что ты показываешь?" Вот как я посветила наготой-то.

6

– Домна Платоновна! – говорю, – а что – давно я желал вас спросить – молодою такой вы остались после супруга, неужто у вас никакого своего сердечного дела не было?

– Какого это сердечного?

– Ну, не полюбили вы кого-нибудь?

– Полно глупости болтать!

– Отчего ж, – говорю, – это глупости?

– Да оттого, – отвечает, – глупости, что хорошо этими любвями заниматься, у кого есть приспешники да доспешники, а как я одна, и постоянно я отягощаюсь, и постоянно веду жизнь прекратительную, так мне это совсем даже и не на уме и некстати.

— Даже и не на уме?

— И ни вот столичко! — Домна Платоновна черкнула ногтем по ногтю и добавила: — а к тому же я тебе скажу, что вся эта любовь – вздор. Так напустит человек на себя шаль такую: "Ах, мол, умираю! жить без него или без нее не могу!" – вот и все. По-моему, то любовь, если человек женщине как следует помогает – вот это любовь, а что женщина, она всегда должна себя помнить и содержать на примечании.

— Так, – говорю, – стало быть, ничем вы, Домна Платоновна, богу и не грешны?

— А тебе какое дело до моих грехов? Хоша бы чем я и грешна была, то мой грех, не твой, а ты не поп мой, чтоб меня исповедовать.

— Нет, я говорю это, Домна Платоновна, только к тому, что молоды вы овдовели и видно, что очень вы были хороши.

— Хороша не хороша, – отвечает, – а в дурных не ставили.

— То-то, – я говорю, – это и теперь видно.

Домна Платоновна поправила бровь и глубоко задумалась.

— Я и сама, – начала она потихоньку, – много так раз рассуждала: скажи мне, господи, лежит на мне один грех или нет? И ни от кого добиться не могу. Научила меня раз одна монашка с моих слов списать всю эту историю и подать ее на духу священнику, – я и послушалась, и монашка списала, да я, шедши к церкви, все и обронила.

— Что ж это такое, Домна Платоновна, за грех был?

— Не разберу: не то грех, не то мечтание.

— Ну, хоть про мечтание скажите.

— Издаля это начинать очень приходится. Это еще как мы с мужем жили.

— Ну как же, голубушка, вы жили?

— А жили ничего. Домик у нас был хоша и небольшой, но по предместности был очень выгодный, потому что на самый базар выходил, а базары у нас для хозяйственного употребления частые, только что нечего на них выбрать, вот в чем главная цель. Жили мы не в больших достатках, ну и не в бедности; торговали и рыбой, и салом, и печенкой, и всяким товаром. Муж мой, Федор Ильич, был человек молодой, но этакой мудреный, из себя был сухой, но губы имел необыкновенные. Я таких губ ни у кого даже после и не видывала. Нраву он, не тем будь помянут, был пронзительного – спорильщик и упротивный; а я тоже в девках воительница была. Вышедши замуж, вела я себя сначала очень даже прилично, но это его нисколько совсем не восхищало, и всякий день натощак мы с ним буйственно сражались. Любви у нас с ним большой не было, и согласья столько же, потому оба мы собрались с ним воители, да и нельзя было с ним не воевать, потому, бывало, как ты его ни голубь, а он все на тебя тетерится, однако жили не разводились и восемь лет прожили. Конечно, жили не без неприятностей, но до драки настоящей у нас не часто доходило. Раз один, точно, дал он мне, покойник, подзатыльника, но только, разумеется, и моей тут немножко было причины, потому что стала я ему волосы подравнивать, да ножницами – кусочек уха ему и отстригнула. Детей у нас не было, но были у нас на Нижнем городе кум и кума Прасковья Ивановна, у которых я детей крестила. Были они люди небогатые тоже, портной он назывался и диплон от общества имел, но шить ничего не шил, а по покойникам пасалтырь читал и пел в соборе на крылосе. По добычливости же, если что добыть по домашнему, все больше кума отягощалась, потому что она полезной бабой была, детей правила и навью кость сводила[34].

Вот один раз, это уж на последнем году мужниной жизни (все уж тут валилось, как перед пропастью), сделайся эта кума Прасковья Ивановна именинница. Сделайся она именинница, и пошли мы к ней на именины, и застал нас там у нее дождь, и такой дождь, что как из ведра окатывает; а у меня на ту пору еще голова разболелась, потому выпила я у нее три пунша с кисляркой, а эта кислярская для головы нет ее подлее. Взяла я и прилегла в другой комнатке на диванчике.

"Ты, – говорю, – кума, с гостями еще посиди, а я тут крошечку полежу".

А она: "Ах, как можно на этом диване: тут твердо; на постель ложись".

Я и легла и сейчас заснула. Нет тут моей вины?

– Никакой, – говорю.

– Ну, теперь же слушай. Сплю я и чую, что как будто кто-то меня обнимает, и таки, знаешь, не на шутку обнимает. Думаю, это муж Федор Ильич; но как будто и не Федор Ильич, потому что он был сложения духовного и из себя этакой секретный, – а проснуться не могу. Только проспавши свое время, встаю, гляжу – утро, и лежу я на куминой постели, а возле меня кум. Я мах этак, знаешь, перепрыгнула скорей через него с кровати-то, трясусь вся от страху и гляжу – на полу на перинке лежит кума, а с ней мой Федор Ильич... Толк я тут-то куму, гляжу – и та схватилась и крестится.

"Что же это, – говорю, – кума, такое? как это сделалось?"

"Ах, – говорит, – кумонька! Ах я, мерзкая этакая! Это все я сама, – говорит, – настроила, потому они еще, проводя гостей, допивать сели, а я

---

[34] Навья кость – мертвая кость, одна из мелких косточек ступни, выступающая под кожей; по поверью, является вестницей беды или смерти.

тут впотьмах-то тебя не стала будить, да и прилегла тут, где вам было постлано".

Я даже плюнула.

"Что ж теперь, – говорю, – нам с тобой делать?"

А она мне отвечает: "Нам с тобой нечего больше делать, как надо про это молчать".

Это я, вот сколько тому лет прошло, первому тебе про это и рассказала, потому что тяжело мне это ужасно, и всякий раз, как я это вздумаю, так я этот сон свой проклясть совсем готова.

– Вы, – говорю, – Домна Платоновна, не сокрушайтесь, потому что ведь это вышло мимо воли вашей.

– А еще бы, – говорит, – как? Я и так-то себя немало измучила и истерзала. Горе-таки горем, как Федор Ильич вскорости тут помер, потому не своею он помер смертью, а дрова, сажени на берегу завалились, задавили его. О петербургских обстоятельствах, чтоб как чем себя развеселить, я и понятия тогда не имела; но как вспомню, бывало, все это после его смерти-то, сяду вечерком одна-одинешенька под окошечко, пою: "Возьмите вы все золото, все почести назад", – да сама льюсь, льюсь рекою, как глаза не выйдут. Так тяжко, так станет жутко, вспомнивши эти слова, что "друг нежный спит в сырой земле", что хоть надень на себя осил пенечный да и полезай в петлю. Продала все, всего решилась и уехала; думаю, пусть лучше хоть глаза мои на все это не глядят и уши мои не слышат.

– Это, – говорю, – Домна Платоновна, я вам верю; нет ничего несноснее, как если одолеет тоска.

– Спасибо тебе, милый, на добром слове, именно правду говоришь, что нет ничего несноснее, и утешь и обрадуй тебя за это слово царица небесная, что ты все это мог понять и почувствовать. Но не можешь ты понять всей обо мне тоски и жалости, если не открою я тебе всю мою настоящую обиду, как меня один раз обидели. Что это саквояж там пропал или что Леканидка там неблагодарная – все это вздор. А был у меня на свете один такой день, что молила я господа, что пошли ты хоть змея, хоть скорпия, чтоб очи мои сейчас выпил и сердце мое высосал. И кто ж меня обидел? Испулатка, нехристь, турка! А кто ему помогал? Свои приятели, миром святым мазаные.

Домна Платоновна горько-прегорько заплакала.

– Курьерша одна моя знакомая, – начала она, утираючи слезы, – жила в Лопатине доме, на Невском, и пристал к ней этот пленный турка Испулатка. Она за него меня и просит: "Домна Платоновна! определи, – говорит, – хоть ты его, черта, к какому-нибудь месту!" – "Куда ж, – думаю, – турку определить? Кроме как куда-нибудь арапом, никуда его

167

не определишь" – и нашла я ему арапскую должность. Нашла, и прихожу, и говорю: "Так и так, – говорю, – иди и определяйся".

Тут они и затеяли магарычи пить, потому что он уже своей поганой веры избавился, крестился и мог вино пить.

"Не хочу я, – говорю, – ничего", – ну, только, однако, выпила. Этакой уж у меня характер глупый, что всегда я попервоначалу скажу "нет", а потом выпью. Так и тут: выпила и осатанела, и у нее, у этой курьерши, легла с нею на постели.

– Ну-с?

– Ну, вот тебе и все, а нынче зашиваюсь.

– Как зашиваетесь?

– А так, что если где уж придется неминуючи ночевать, то я совсем с ногами, вроде как в мешок, и зашиваюсь. И даже так тебе скажу, что и совсем на сон свой подлый не надеясь, я даже и постоянно нынче на ночь зашиваюсь.

Домна Платоновна тяжело вздохнула и опустила свою скорбную голову.

– Вот тебе уж, кажется, и знаю петербургские обстоятельства, а однако что над собой допустила! – произнесла она после долгого раздумья, простилась и пошла к себе на Знаменскую.

7

Через несколько лет привелось мне свезти в одну из временных тифозных больниц одного бедняка. Сложив его на койку, я искал, кому бы его препоручить хоть на малейшую ласку и внимание.

– СтаршОй, – говорят.

– Ну, попросите, – прошу, – старшУю.

Входит женщина с отцветшим лицом и отвисшими мешками щек у челюстей.

– Чем, – говорит, – батюшка, служить прикажете?

– Матушка, – восклицаю, – Домна Платоновна?

– Я, сударь, я.

– Как вы здесь?

– Бог так велел.

– Поберегите, – прошу, – моего больного.

– Как своего родного поберегу.

– Что ж ваша торговля?

– А вот моя торговля: землю продать, да небо купить. Решилась я, друг мой, своей торговли. Зайди, – шепчет, – ко мне.

Я зашел. Каморочка сырая, ни мебели, ни шторки, только койка да столик с самоваром и сундучок крашеный.

– Будем, – говорит, – чай пить.

– Нет, – отвечаю, – покорно вас благодарю, некогда.

– Ну так заходи когда другим разом. Я тебе рада, потому я разбита, друг мой, в последняя разбита.

– Что же с вами такое случилось?

– Уста мои этого рассказать не могут, и сердцу моему очень больно, и, сделай милость, ты меня не спрашивай.

– И отчего, – говорю, – вы это так вдруг осунулись?

– Осунулась! что ты, господь с тобой! ни капли я не осунулась.

Домна Платоновна торопливо выхватила из кармана крошечное складное зеркальце, поглядела на свои блеклые щеки и заговорила:

– Ни крошечки я не осунулась, и то это теперь к вечеру, а с утра я еще гораздо свежее бываю.

Смотрю я на Домну Платоновну и понять не могу, что в ней такое? а только вижу, что что-то такое странное.

Показалось мне, что, кроме того, что все ее лицо поблекло и обвисло, будто оно еще слегка подштукатурено и подкрашено, а тут еще эта тревога при моем замечании, что она осунулась... Непонятная, думаю, притча!

Не прошло после этого месяца, как вдруг является ко мне какой-то солдат из больницы и неотступно требует меня сейчас к Домне Платоновне.

Взял извозчика и приезжаю. На самых воротах встречает меня сама Домна Платоновна и прямо кидается мне на грудь с плачем и рыданием.

– Съезди, – говорит, – ты, миленький, сделай милость, в часть.

– Зачем, Домна Платоновна?

– Узнай ты там насчет одного человека, похлопочи за него. Я, бог даст, со временем сама тебе услужу.

– Да вы, – говорю, – не плачьте только и не дрожите.

– Не могу, – отвечает, – не дрожать, потому что это нутреннее, изнутри колотит. А этой услуги я тебе в жизнь не забуду, потому что все меня теперь оставили.

– Хорошо – но за кого же просить-то и о чем просить?

Старуха замялась, и блеклые щеки ее задергались.

– Фортопьянщицкий ученик там арестован вчера, Валерочка, Валерьян Иванов, так за него узнай и попроси.

Поехал я в часть. Сказали мне там, что действительно есть

арестованный молодой человек Валерьян Иванов, что был он учеником у фортепьянного мастера, обокрал своего хозяина, взят с поличным и, по всем вероятностям, пойдет по тяжелой дороге Владимирской.

– Сколько же ему лет? – расспрашиваю.

– Лет, – говорят, – как раз двадцать один год минул.

"Что, – думаю, – за чудеса такие и что такое он, этот Валерка, моей Домне Платоновне?"

Приезжаю в больницу и застаю Домну Платоновну в ее каморке: сидит, сложивши руки, на краю кровати, и совсем помертвелая.

– Знаю, – говорит, – все, сделай милость, больше не сказывай. Я фершала посылала узнать и все знаю. Огненным прощением пресекается перед смертью душа моя.

Вижу, моя воительница совсем сбрендила: распалась и угасла в час один.

– Боже мой! – говорит, глядя на бедный больничный образочек. – Боженька! миленький! да поди же к тебе моя молитва прямо столбушком: вынь ты из меня душу, из старой дуры, да укроти мое сердце негодное.

– Да что ж, – говорю, – вам такое?

– Мне?.. Люблю я его, душечка; люблю я его несносно, мой ангел; без ума, без разума люблю я его, старая дура. Я его обула, я его одела, я на него дула, пыль с него обдувала. Театрашник такой; все, бывало, кортит ему дома; все он клонится как бы в цирк, как бы в театр; я ему последнее отдавала. Станешь, бывало, только просить: "Валерочка, друг мой! сокровище благих! не клонись ты к этому цирку; что тебе этот цирк?" Так затопочет, закричит и руками намеряется. Вот тебе и цирк!.. Не позволял он, чтобы я говорила с ним, так я издали, бывало, только на него смотрю до прошу: "Валерочка! жизненочек! сокровище благих! не якшайся ты с кем попадя; не пей ты много". Все он мое презрел... Когда б дворника не нанимала, чтоб слух об нем подавал, и этого горя б, может, не знала. Боженька! миленький! Господи, да что ж это? да что ж это будет! – вскрикнула она и с этим словом упала перед образом на колена и еще горче заплакала, кивая своею седою головою.

– Все, – заговорила она, подымаясь через несколько минут на ноги и тоскливо водя угасшими глазами по своей унылой каморке, – все ему отдала, ничего у меня больше нет. Нечего мне ему дать больше, голубчику... Хоть бы сходить к нему...

– Ну, – говорю, – сходите...

– Не велит он мне ему показываться, не смею я к нему идти, – а сама дрожмя дрожит, бедная старуха.

Помолчал я и, чтоб отрезвить ее хоть немножко, спрашиваю:

– Сколько вам, Домна Платоновна, нынче годочков?

170

– Что ты такое, – говорит, – сказал?

– Сколько, мол, вам лет?

– А не знаю, право, сколько... в прошлом году в фебрие, кажется, сорок семь было.

– И откуда ж это, – спрашиваю, – он у вас взялся, этот Валерка? Где вы его себе откопали, на свое горе?

– Из наших местов, – отвечает, утирая слезы. – Кумин племянник он. Кума его ко мне прислала, чтоб к месту определить. Скажи, пожалуйста, – пищит опять, плачучи, воительница, – жаль ли хоть тебе меня, дуру неповитую?

– Очень, – отвечаю, – жаль.

– А людям ведь небось и не жаль, смех им небось только. И всякий, если кто когда-нибудь про эту историю узнает, посмеется – непременно посмеется, а не пожалеет, – а я все люблю, и все без радости, и все без счастья без всякого. Бог с ними, люди! не понять им, какая это беда, если прилучится такое над человеком не ко времени. Ходила я к сталоверу, – говорит: "Это тебе аггел сатаны дан в плоть... Не возносись". Пошла к священнику, говорю: "Вот, батюшка, что со мною, так и так, говорю, – сил моих над собой нет"; ну, священник меня хорошо пощунял: читай, говорит, раба, канон[35] "Утоли моя печали". Я теперь и канон это читаю и к месту такому нарочно определилась, чтоб никаких смущений мне не было; ну, только... Валерушка! цыпленок ты мой! сокровище благих! Что ты это над собою сделал?..

Домна Платоновна припала головой к окну и заколотила лбом о подоконник.

Так я и оставил мою воительницу в этом убитом положении. Через месяц дали мне знать из больницы, что Домна Платоновна вдруг окончила свою прекратительную жизнь. Умерла она от быстрого истощения сил. Лежала она в гробике черном такая маленькая, сухенькая, точно в самом деле все хрящики ее изныли и косточки прилегли к суставам. Смерть ее была совершенно безболезненна, тиха и спокойна. Домна Платоновна соборовалась маслом и до последней минуты все молилась, а отпуская предсмертный вздох, велела отнести ко мне свой сундучок, подушки и подаренную ей кем-то банку варенья, с тем чтобы я нашел случай передать все это "тому человеку, про которого сам знаю", то есть Валерке.

---

[35] Канон – церковная молитва, исполнявшаяся на заутренях и вечернях.

СПИСОК

www.ingramcontent.com/pod-product-compliance
Lightning Source LLC
Chambersburg PA
CBHW020639250626
47154CB00008B/2741